Stephanie Hesse

Hinter den Kulissen
von AN AMERICAN IN PARIS, FUNNY FACE, MANHATTAN und NEW YORK, NEW YORK

Die Herstellung filmischer Raumtiefe durch
Real- und Filmarchitektur in amerikanischen Spielfilmen

Stephanie Hesse

HINTER DEN KULISSEN

von AN AMERICAN IN PARIS, FUNNY FACE, MANHATTAN und NEW YORK, NEW YORK

Die Herstellung filmischer Raumtiefe durch Real- und Filmarchitektur in amerikanischen Spielfilmen

ibidem-Verlag
Stuttgart

Bibliografische Information der Deutschen Nationalbibliothek
Die Deutsche Nationalbibliothek verzeichnet diese Publikation in der Deutschen Nationalbibliografie; detaillierte bibliografische Daten sind im Internet über http://dnb.d-nb.de abrufbar.

Bibliographic information published by the Deutsche Nationalbibliothek
Die Deutsche Nationalbibliothek lists this publication in the Deutsche Nationalbibliografie; detailed bibliographic data are available in the Internet at http://dnb.d-nb.de.

Coverabbildungen: Vorderseite: Sander Lamme unter http://www.flickr.com/photos/42458391@N04/3916215672/in/photostream/, lizenziert unter der Creative-Commons-Lizenz (s. http://creativecommons.org/licenses/by/2.0/deed.de)
Rückseite: ryPix unter http://www.flickr.com/photos/ryanready/5493565664/in/photostream/, lizenziert unter der Creative-Commons-Lizenz (s. http://creativecommons.org/licenses/by/2.0/deed.de)

∞

Gedruckt auf alterungsbeständigem, säurefreien Papier
Printed on acid-free paper

ISBN-13: 978-3-8382-0274-7

Printed in Germany

Inhaltsverzeichnis

1 Zum Untersuchungsgegenstand dieses Buches

Klack, klack, klack, klack. Monsieur Giffard nähert sich mit monotonen Schritten und lauten Absätzen. Jacques Tati inszeniert in *Playtime*[1] Giffards hallenden Gang in einem endlos erscheinenden Korridor eines Bürohochhauses. Tatis Alter Ego, Monsieur Hulot, verirrt sich in den labyrinthischen Quadern der modernen Architektur. In Fritz Langs *Metropolis*[2] bedrohen futuristische Wolkenkratzer die Unterstadt. Die dramatisch gestalteten Kulissen dienen den expressionistischen Filmemachern des deutschen Stummfilms als Spiegel der Psyche ihrer Charaktere.

Die beschriebenen Beispiele zeigen bereits, wie vielfältig die Funktionen sind, die Architektur im Film erfüllen kann. Zwischen bedeutungsloser Kulisse und zentralem Bestandteil der filmischen Handlung öffnet sich für Bauwerke ein weites Spektrum von Einsatzmöglichkeiten. Die Orientierung für den Zuschauer und für die filmischen Figuren scheint jedoch ihre grundlegende Funktion zu sein: Für den Akteur innerhalb einer Szene stellt sie einen Raum bereit, in dem er agieren kann. So ergeht es auch Monsieur Hulot, der jedes Mal erneut Geschichten ins Rollen bringt, während er sich von einem Gebäude ins nächste verirrt. Und was wären seine tollpatschigen Ausrutscher ohne spiegelglatten Boden in der Wartehalle? Dem Zuschauer erleichtert Architektur die Vorstellung von Räumlichkeit beim Betrachten der zweidimensionalen Projektionsfläche, der Leinwand. Ohne den Blick der Kamera – beispielsweise von einem Hochhaus auf eine tiefe Schlucht – hätte der Kinobesucher keinen Anlass, beim Betrachten der Leinwand Schwindel zu verspüren. Architektur ist also maßgeblich an der Konstruktion des filmischen Raums beteiligt. Durch sie allein kann er allerdings nicht vollständig definiert werden. Der menschliche Körper und sein performativer Akt sind die eigentlichen Akteure der Raumkonstruktion. So hilft die Interaktion des Menschen mit Gebäuden – das Begehen und Umlaufen, Hinein- und Hinaustreten – den Körper zu verorten, den Raum subjektiv zu erfahren und räumliche Ebenen wie Vorder- und Hintergrund zueinander in Beziehung zu setzen.

Bei realer Architektur, die unabhängig vom Film existiert und lediglich filmisch dokumentiert wird, scheinen die bisherigen Ausführungen nachvollziehbar. Doch was

---

[1] Tati, Jacques: *Playtime*, F 1967.
[2] Lang, Fritz: *Metropolis*, USA 1927.

geschieht, wenn sich die Häuserreihe wie in Alfred Hitchcocks *Sabotage*[3] (vgl. Abb. 1) als einfache Fotowand entpuppt?

Abb. 1: Duncan, Paul: Alfred Hitchcock: Architekt der Angst. Köln [u.a.]: Taschen 2003, S. 72.

Wenn Häuser nur aus Pappmaché bestehen und sich hinter den Wänden keine gemütlichen Wohnzimmer, sondern nur Leere befindet? Es stellt sich die Frage, ob und wie Räumlichkeit mit ausschließlich für den Film konstruierter „Scheinarchitektur" entsteht. Es ist erstaunlich, dass eine explizite Unterscheidung zwischen den Kulissen der Filmarchitektur und realen Gebäuden nur selten von Filmwissenschaftlern vorgenommen wird. Sie soll in der vorliegenden Studie zum Hauptuntersuchungsgegenstand werden. Unter Filmarchitektur versteht man Bauten, die eigens für den Film konstruiert sind und von der normal existierenden Realarchitektur, die an Originalschauplätzen vorzufinden ist, in einigen Merkmalen abweichen. Filmarchitektur besitzt häufig nicht die gleichen funktionellen Eigenschaften wie reale Architektur. Ob fehlende Wasserleitungen oder instabiles Gemäuer: Filmarchitektur ist nicht dafür konstruiert, in ihr zu wohnen. Meist fehlen entscheidende Bestandteile. Sie kann sogar allein als flächige Pappwand auf dem Set aufgebaut sein und nicht einmal alle drei Dimensionen des Raums ausfüllen. In den folgenden Kapiteln wird noch aus-

[3] *Sabotage* (Hitchcock, Alfred: *Sabotage*, USA 1936)

führlich auf den Unterschied zwischen Real- und Filmarchitektur eingegangen werden, deshalb sei an dieser Stelle vorerst auf die Tatsache verwiesen, dass eine Differenzierung als Grundlage für die vorliegende Studie dient. Bei der Filmarchitektur handelt es sich um eine Architektur des „Trompe l'œil"[4]. Dieser aus der Kunsttheorie stammende Begriff beschreibt ursprünglich illusionistische Gemälde, die durch eine geschickte perspektivische Darstellung Räumlichkeit vortäuschen. Die Architektur des Trompe l'œil unterscheidet sich von realer Architektur. Beide entwickeln unterschiedliche Stile, um den filmischen Raum zu gestalten. Filmarchitektur entwickelt eine spezifische ästhetische Praxis, die direkt in die Imagination von Räumlichkeit führt. Wie genau sich diese ästhetische Praxis äußert, werden die späteren Filmanalysen beispielhaft zeigen.

Zu allererst gilt es, das Phänomen des filmischen Raums selbst zu betrachten. Er ist ein rein imaginäres dreidimensionales Produkt, das auf einer flächigen Kinoleinwand abgebildet wird. André Gardies, der dafür den Term des „espace écranique"[5] einführt, beschreibt das Phänomen als eine virtuelle Metamorphose der Leinwand, die ihren Ursprung in der illusionistischen Wirkungsweise des Films und der Vorstellungskraft des Zuschauers hat:

> *Miroir singulier, fenêtre en trompe-l'œil, la réalité de l'écran ne laisse pas d'être problématique lorsqu'elle se caractérise par son pouvoir d'effacement : en son centre se creuse la profondeur d'un monde virtuel, cependant réellement perceptible, en lequel s'abîme l'œil du spectateur. Au cours de la projection une mutation radicale s'impose donc quant au statut de réalité de l'écran : sa matérialité physique s'échange contre une réalité imaginaire d'autant plus vive que le leurre fonctionne avec bonheur.*[6]

Karl Sierek beschreibt die Beziehung zwischen realem und imaginärem, kinematografischem Raum als einen zweistufigen Übersetzungsprozess[7]. Ihm zufolge geht der Übersetzung des zweidimensionalen Bildes auf der Leinwand zu einem vom Zuschauer „vorgestellten Raum"[8] der Schritt „vom realen zum imaginären Raum"[9] vo-

[4] Koch, Gertrud (Hrsg.): Umwidmungen: architektonische und kinematographische Räume. Berlin: Vorwerk 8 2005, S. 17. Trompe l'œil: frz. *Augentäuschung*; naturgetreue Wiedergabe eines Objektes mithilfe perspektivischer Mittel.
[5] Gardies, André: L'Espace au cinéma. Paris: Méridiens Klincksieck 1993, S. 22.
[6] ebd., S. 24.
[7] vgl. Sierek, Karl: Ophüls: Bachtin: Versuch mit Film zu reden. Basel [u.a.]: Stroemfeld 1994, S. 113-133.
[8] ebd., S. 113.
[9] ebd.

raus. Die erste Stufe des Übersetzungsprozesses findet demnach während der Produktion des Films statt, die zweite Stufe während der Rezeption des fertigen Films. Filmische Epochen und Regisseure entwickeln dabei jeweils bestimmte Codes, also Hinweisreize, die von der Zweidimensionalität der kinematografischen Abbildung auf die dreidimensionalen Eigenschaften des Abgebildeten schließen lassen. Ein jeweils spezifischer Stil in der Gestaltung des filmischen Raums ist die Folge. Dies zeigen nicht zuletzt die zu Beginn erwähnten Beispiele. Die expressionistischen Filmemacher aus der Stummfilmära schaffen mit ihren Ausdrucksmitteln unverwechselbaren Stil. Wer Fritz Langs *Metropolis* einmal gesehen hat, dem wird es nicht schwerfallen, ihm auch das Meisterwerk *Das Testament des Doktor Mabuse*[10] anhand der erscheinenden Kulissenarchitektur zuzuordnen. Die vorliegende Studie versucht, spezifische architektonische Codes genauer zu entschlüsseln. Sie sucht nach der Antwort auf die Frage, wie Architektur im Film zur Konstruktion des filmischen Raums beiträgt und legt dabei den Schwerpunkt auf eine vergleichende Gegenüberstellung von Real- und Filmarchitektur. Bereits seit Beginn der Filmgeschichte existierte eine Dichotomie zwischen beiden Formen der Baukunst. Diese Dichotomie soll nun definiert und anhand einiger Beispiele analysiert werden. Die Studie dient damit der Differenzierung und Beschreibung von „Stilistik[en] der Verräumlichung“[11], wie sie von Sierek beschrieben werden. Der Produktionsprozess des Films, der von Sierek beschriebene Prozess der Reduktion vom realen auf den kinematografischen Raum, hat Einfluss auf den räumlichen Eindruck des Abgebildeten. Dies wird am deutlichsten, wenn man die Herstellung und die Merkmale von Kulissenarchitektur betrachtet, die mitunter ausschließlich in ihrer Zweidimensionalität existieren, obwohl sie für den Zuschauer einen räumlichen Eindruck hinterlassen. Indem die Studie Eigenschaften von Film- und Realarchitektur untersucht und ihre Auswirkungen auf den Eindruck des filmischen Raums beschreibt, verknüpft sie die produktionstechnische mit einer rezipientenorientierten und phänomenologischen Perspektive.

Die Ausführungen gliedern sich im Folgenden in fünf Themenschwerpunkte. Einige Vorbemerkungen zum filmischen Raum (Kapitel 2) sollen eine begriffliche Vorstellung vom Untersuchungsgegenstand entwickeln und sich mit filmischen und nicht-filmischen Codes zur Konstruktion von Räumlichkeit im Film auseinandersetzen, um für den Leser ein grundsätzliches Verständnis der Thematik zu ermöglichen.

---

[10] Lang, Fritz: Das Testament des Doktor Mabuse, D 1933.
[11] ebd., S. 114.

Das anschließende Kapitel (Kapitel 3) beschäftigt sich mit der Beziehung zwischen realer Architektur im Film und filmischem Raum. Welche konkreten Relationen sind erkennbar? Wie organisiert Architektur im filmischen wie außerfilmischen Kontext den Raum? Diese Fragen werden ausgehend von den Argumentationen der Wissenschaftler Doris Agotai, Vrääth Öhner und Marc Ries beantwortet und ermöglichen eine erste theoretische Annäherung an die Thematik. Die Ausführungen von Richard Sylbert, Otto Friedrich Bollnow und Giuliana Bruno dienen schließlich einer Bestandsaufnahme der filmischen Figur im Zusammenhang von Architektur und Räumlichkeit. Der letzte Teil des dritten Kapitels beschäftigt sich mit dem Einfluss kinematografischer Produktionsmittel, wie Kamerabewegung und Einstellungsgröße, auf die Veränderung von Räumlichkeit im Film. Damit entstehen drei Säulen, die interagieren und Elemente der späteren Filmanalyse bilden: die Eigenschaften der Architektur, die Rolle der filmischen Figur und der Einfluss der Kameraarbeit.

Im dritten Teil des Buches vollzieht sich dann auch der Bruch mit den bisherigen Erkenntnissen, die sich bisher nur auf Realarchitektur bezogen. Das vierte Kapitel konstituiert Film- und Realarchitektur als konträre Konzepte, wobei die Hauptunterschiede sich bereits in den Titeln der jeweiligen Unterkapitel widerspiegeln: Demnach bildet Filmarchitektur in Bezug auf ihre Herstellung und Haltbarkeit, ihre Form als mediale Repräsentation im Film, in ihrer künstlerischen Umsetzung sowie in ihrer Beziehung zu den filmischen Protagonisten ein Gegenkonzept zur Realarchitektur.

Nachdem die markantesten Unterschiede zwischen beiden Formen von Architektur in Bezug auf den filmischen Raum theoretisch untersucht wurden, gilt es, diese Unterschiede analytisch zu prüfen (Kapitel 5). Einer Begründung der Filmauswahl und Erläuterung zur analytischen Vorgehensweise schließen sich die Analyse der Filme *An American in Paris*[12], *Funny Face*[13], *Manhattan*[14] und *New York, New York*[15] an. Bei jedem der genannten Filme handelt es sich um einen amerikanischen Spielfilm mit realistisch-narrativem Charakter — ein Umstand, der die Filme miteinander vergleichbar macht. Die zeitliche Spannbreite der untersuchten Filme erstreckt sich vom klassischen Studiosystem Hollywoods in den 1950er Jahren bis zum modernen amerikanischen Autorenkino der 1980er Jahre. Die jeweiligen Fragestellungen lau-

[12] Minelli, Vincente: *An American in Paris*, USA 1951.
[13] Donen, Stanley: *Funny Face*, USA 1957.
[14] Allen, Woody: *Manhattan*, USA 1979.
[15] Scorsese, Martin: *New York, New York*, USA 1977.

ten: Wie erzeugen Film- und Realarchitektur in ihrer filmischen Abbildung den Eindruck von Räumlichkeit und welche spezifischen Techniken lassen sich erkennen?

Der letzte Themenschwerpunkt (Kapitel 6) widmet sich zusammenfassend den Ergebnissen der Studie sowie einem Ausblick auf noch nicht erfasste Themenschwerpunkte.

2 Vorbemerkungen zum filmischen Raum

Bevor man sich mit der Frage auseinandersetzt, worin sich die Konstruktion des filmischen Raums durch Filmarchitektur von der durch Realarchitektur unterscheidet, ist es wichtig, sich mit dem filmischen Raum allgemein zu beschäftigen. Was versteht man genau unter diesem Begriff? Wie wird Raum im Film auch unabhängig von Architektur erzeugt? Diese Fragen soll das vorliegende Kapitel beantworten. Entscheidend ist dabei die Unterscheidung zwischen zwei Konzepten: dem formalen und dem narrativen Raum.

2.1 Der filmische Raum – eine Begriffsbestimmung

Immer wieder tauchen in der Literatur zwei den filmischen Raum betreffende Begrifflichkeiten auf, die häufig nicht trennscharf voneinander abgegrenzt werden. Es handelt sich auf der einen Seite um das Konzept der *Räumlichkeit* im Film, auf der anderen Seite um den *narrativen Raum*. Obwohl beide ein bestimmtes Raumgefüge bezeichnen, sind sie doch nicht miteinander gleichzusetzen. Die ungenaue Differenzierung liegt bereits im doppeldeutigen Sinn des Adjektivs *räumlich* begründet, das zum einen als Synonym für *dreidimensional* verwendet wird und damit einen Raum (engl. *space*) benennt, zum anderen aber auch einen bestimmten Ort (engl. *place*) beschreibt. Raymond Bellour macht in einem seiner Aufsätze auf die Ambiguität des Begriffs aufmerksam[16]. Er beschreibt die spezifische Eigenschaft des Films gegenüber der Malerei, Musik und Literatur jedoch in der Untrennbarkeit von narrativem und formalem Raum. Während die Präsenz der beiden Formen in den anderen Künsten entweder ständig hin- und herwechsle oder beide Formen immer gleichzeitig vorhanden seien, handle es sich bei dem kinematografischen Raum um einen fortwährend ambivalenten Begriff, der weder das eine noch das andere sei, sondern sich stets zwischen beiden befinde. Dieser Aspekt sei folglich auch bei der Analyse eines Films zu beachten:

[16] vgl. Bellour, Raymond: L'analyse du film. Paris: Calmann-Lévy 1995, S. 64-72.

> *C'est pourquoi l'analyse de « l'espace cinématografique » entendu en son sens le plus général doit s'établir, sitôt qu'elle choisit de s'en tenir à l'espace des œuvres, sur la double valeur du signifiant, c'est-à-dire sur l'articulation duelle de tout élément reconnu comme pertinent à la fois dans l'image et dans le scénario, la vision et le récit, en tant qu'il marque la discontinuité et la continuité intérieures à chacun des deux ordres dans celle, fondamentale, qui ouvre, par leur continuel rapport, la possibilité du film.*[17]

Während Bellour formalen und narrativen Raum unterscheidet, beide für ihn jedoch in der filmischen Analyse wieder zusammenfallen, nimmt Knut Hickethier eine eindeutige Differenzierung zwischen beiden Formen vor[18]. Er bezeichnet die erste Form filmischen Raums als „Einstellungsraum“[19], der mechanisch durch die Aufzeichnung der Kamera entstehe und die räumliche Wirkung eines zweidimensionalen Filmbildes beschreibe. Die zweite Form – der „diegetische“[20] oder narrative Raum – beschreibe schließlich den ganzheitlichen Raum innerhalb der Geschichte des Films, der durch die Montage der Einstellungen generiert wird. Die Gesamtheit der gezeigten Handlungen wird dadurch in einen räumlichen Kontext gesetzt. Um einen räumlichen Eindruck zu vermitteln, gibt es relativ fest etablierte Mittel[21]. Bei der Konstruktion eines narrativen Raums ist es hingegen die Gesamtheit der aneinandergereihten Einstellungen, die ein kohärentes Ganzes erzeugt und einen logischen Raum für die Erzählung bereitstellt. Beide sind an der Schaffung eines ganzheitlichen filmischen Raums beteiligt, müssen aber dennoch voneinander unterschieden werden. Räumlicher Eindruck und die sinnvolle Verknüpfung von Räumen dienen beide als Voraussetzung für die Handlung des Films. Diese muss sich in die Dreidimensionalität ausdehnen können. „Hinzutreten aktiver Handlung [...] geht zwangsläufig parallel mit dem Hinzutreten der dritten Dimension“[22], so beschreibt es der Architekt Heinrich de Fries in einem Artikel über die Möglichkeiten der Raumgestaltung im Film. Auch de Fries unterscheidet zwischen einer Art rein formal zu betrachtender Raumtiefe, deren Eindruck ein Film immer vermittle, und einem Raum, der dadurch entstehe, dass die einzelnen Bildräume durch eine Handlung und die narrativen Strukturen des Films verbunden werden und damit eine untrennbare Synthese eingehen. Wenn also eine logi-

[17] ebd., S. 66.
[18] Hickethier, Knut: Film- und Fernsehanalyse. Stuttgart [u.a.]: Metzler 2007, S. 67 ff.
[19] ebd., S. 67.
[20] ebd.
[21] vgl. hierzu Kapitel 2.2 der Studie.
[22] de Fries, Heinrich: Raumgestaltung im Film. In: Wasmuths Monatshefte für Baukunst, 1/2, 1920/21, S. 64.

sche Abfolge und Entwicklung der Handlung einen übergeordneten Raum schaffen, und Raumbilder diese Handlung wiederum unterstützen, lässt sich von einem narrativen Raum sprechen. Der filmische Raum wird zum Handlungsraum der Akteure, der in der Regel künstlich konstruiert ist und keine Entsprechung in der Wirklichkeit findet. Oder, wie es Etienne Souriau vereinfacht definiert: Der narrative Raum ist derjenige Raum, „in dem sich die Geschichte abspielt“[23].

Die vorliegende Studie versucht, die häufig nicht erfolgte Trennung zwischen narrativem und formalem Raum vorzunehmen und sich auf eine Analyse der formalen Kriterien für die Erzeugung von Raumtiefe zu konzentrieren. Sie bezieht sich also auf den formalen Raum. Aufgrund des wechselseitigen Verhältnisses beider Modi lässt sich der narrative Raum allerdings nicht aus den Untersuchungen ausschließen. Dies liegt nicht zuletzt daran, dass ein einheitlicher narrativer Raum ebenso zur Vermittlung eines räumlichen Eindrucks beiträgt, wie die noch zu erläuternden Gestaltungsmittel innerhalb einer Einstellung. Die Verknüpfung der einzelnen Einstellungen entspricht der menschlichen Wahrnehmung und kognitiven Verarbeitung des realen Raums und erzeugt dadurch bereits einen dreidimensionalen Eindruck. Umgekehrt unterstützt die Erzeugung eines dreidimensionalen Eindrucks durch spezifische Kriterien die Konstruktion eines narrativen Raums und die Illusion eines dreidimensionalen Universums. Dadurch, dass diese Räumlichkeit der Realität ähnelt, versetzt sie den Zuschauer leichter in die Geschichte hinein. Daher kann der narrative Raum, selbst wenn er nicht eigentlicher Gegenstand der Analyse ist, innerhalb der Betrachtungen nicht ignoriert werden. Zu betonen bleibt, dass der Untersuchungsgegenstand die formale Raumtiefe ist, die durch Real- und Kulissenarchitektur im Film unterschiedlich konstruiert wird und unterschiedliche Effekte hervorruft.

2.2 Raumkonstruktion im Film

Bereits seit Beginn der Filmgeschichte grübeln Regisseure über die Möglichkeiten des Kinos, den Film zu einem dreidimensionalen Erlebnis zu machen. Hugo Münsterberg warf um 1910 als einer der ersten Filmtheoretiker Gedanken an ein 3-D-Kino auf. Das damals von ihm noch als Utopie angelegte Konzept beschreibt die Möglich-

---

[23] Souriau, Etienne: Die Struktur des filmischen Universums und das Vokabular der Filmologie. In: Montage AV (6/2/1997), Marburg: Schüren 1997, S. 144.

keiten des binokularen Sehens von bewegten Bildern. Sie sollen einen unvergleichbar realistischen räumlichen Eindruck des Gesehenen beim Zuschauer hinterlassen. Dabei überträgt Münsterberg die Funktionsweise des Stereoskops auf den Film. Diese ermöglicht es, das eigentlich nur monokular greifbare Bild in ein binokulares umzuwandeln und für den Betrachter auch als solches wahrnehmbar zu machen. Auch wenn Münsterberg seine Vorstellungen als reines Zukunftsgespinst bewertet, beschreibt er in seinen Anmerkungen zur Psychologie des Lichtspiels[24] noch weitaus mehr Elemente, die einen dreidimensionalen Eindruck beim Betrachter erzeugen. Als einer der ersten Filmtheoretiker setzte sich Münsterberg mit den wahrnehmungspsychologischen Komponenten des Films auseinander. Er beschäftigte sich mit der Frage, wie Räumlichkeit oder zumindest deren Anschein in bewegten Bildern auf einer zweidimensionalen Leinwand erzeugt wird. Das Lichtspiel zeichnet sich ihm zufolge durch ein eigenartiges Verhältnis zur Räumlichkeit aus: Es ist aufgrund der zweidimensionalen Beschaffenheit der Leinwand flächig, durch das Gezeigte jedoch räumlich. Es erzeugt eine Tiefenwirkung, die für den Zuschauer nicht von Dauer ist, da er sich der eigentlichen Zweidimensionalität der Leinwand mit zunehmender Seherfahrung bewusst wird[25]. Dieses dichotome Verhältnis, so betont Münsterberg, prägt den Film seit jeher und unterscheidet ihn maßgeblich vom Theater:

> *Das Theater hat ohne jede subjektive Hilfe sowohl Tiefe als auch Bewegung; die Leinwand hat beide und hat sie doch nicht. Wir sehen die Dinge entfernt und in Bewegung, aber wir geben ihnen mehr als wir empfangen, wir erzeugen die Tiefe und die Kontinuität durch unseren psychischen Mechanismus.*[26]

Münsterberg beschreibt damit die Eigenheit des filmischen Raums: Wenn es allein durch die physischen Gegebenheiten nicht möglich ist, den Inhalt eines Bildes als dreidimensional wahrzunehmen[27], dann ist es vielmehr unsere Imagination, die diese

---

[24] vgl. Münsterberg, Hugo: Die Psychologie des Lichtspiels – Tiefe und Bewegung (1916). In: Schweinitz, Jörg (Hrsg.): Das Lichtspiel. Eine psychologische Studie. Wien: Synema 1996, S. 41-50.

[25] Zu Beginn des Films bestanden diese Sehgewohnheiten noch nicht. Der Mythos von der Erstaufführung des Films *L'arrivée d'un train en gare de La Ciotat* (Lumière, Auguste und Louis: *L'arrivée d'un train en gare de La Ciota*, F 1896) beschreibt beispielhaft die Reaktion des Publikums, das beim Anblick des scheinbar auf sie zukommenden Zuges schreiend davon gerannt sei, um von selbigem nicht überfahren zu werden.

[26] Münsterberg, Hugo: Die Psychologie des Lichtspiels – Tiefe und Bewegung, S. 50.

[27] Physische Voraussetzung für räumliches Sehen ist die gleichzeitige Wahrnehmung von zwei unterschiedlichen Ansichten ein- und desselben Gegenstandes. Der Mensch sieht mit beiden Augen

Räumlichkeit konstruiert und die durch bestimmte Merkmale im Bild aktiviert wird. Diese Merkmale wiederum sind Gegenstand der Gestaltpsychologie, in der die Überlegungen zur Imagination von Räumlichkeit im Film ihren Ausgangspunkt haben. Der Einsatz von monokularen Hinweisreizen – im Speziellen Trompe l'œil-Techniken – wie Verdeckungen von Objekten, relative Größen- und Höhenunterschiede und viele andere betrügen das menschliche Auge und verleihen dem filmischen Bild so seine Räumlichkeit.

Doch nicht nur diese formalen Gestaltungsmittel formen den räumlichen Eindruck. Der Zuschauer erfährt bei der Betrachtung eines narrativen Films ein in sich geschlossenes Raum-Zeit-Kontinuum. Die Narration unterstützt durch die Logik von Zeit, Raum und Handlung die Konstruktion eines immanenten Universums und damit die Formung des filmischen Raums. In diesem Sinne ist der filmische Raum Bestandteil eines in sich geschlossenen, eigenständigen, homogenen, dreidimensionalen Universums, das dem Zuschauer durch die Illusionskunst des Kinos vermittelt wird. Raumvorstellungen werden auf einer zweidimensionalen Fläche realisierbar durch Montage und die Manipulierbarkeit des filmischen Raums. Rayd Khouloki beschreibt in seinen Ausführungen zum filmischen Raum[28] dessen Besonderheit in der Annahme, dass er zugleich künstlich und realistisch sei:

> *Die spezifische Qualität filmischen Raums entfaltet sich zwischen der Künstlichkeit des Films (zweidimensionale Fläche, Fragmentierung durch die Montage) und seinem starken Realitätseindruck (fotografisches Bild, Bewegung).*[29]

Kehren wir zurück zu den Kriterien statischer und bewegter Bilder, die Raumtiefe erzeugen. Ausgehend von David Bordwells materialorientiertem Ansatz lassen sich analytisch einige dieser Hinweisreize identifizieren. Bordwells Ansatz soll im Folgenden als Grundlage für die Beantwortung der Frage dienen, wie filmischer Raum

---

und verbindet die beiden entstehenden Ansichten durch kognitive Prozesse zu einem räumlichen Bild. Auf der Kinoleinwand sieht der Zuschauer jedoch nur eine Perspektive des Abgebildeten. Das monokulare Bild kann nicht binokular betrachtet werden, da der Gegenstand auf der Leinwand auf eine einzige Ansicht reduziert ist. Selbst wenn der Mensch das Bild mit beiden Augen wahrnimmt, ist es doch perspektivisch auf eine Ansicht begrenzt und kann rein physikalisch, also durch die Verschmelzung zweier Ansichten zu einer, nicht räumlich erscheinen.

[28] vgl. Khouloki, Rayd: Der filmische Raum: Konstruktion, Wahrnehmung, Bedeutung. Berlin: Bertz & Fischer 2007.

[29] ebd., S. 15.

entsteht[30]. In seinem Ansatz vertritt der Autor die These, filmischer Raum sei ein kognitives Konstrukt des Zuschauers, der mit Hilfe formaler Anhaltspunkte im Film dessen imaginäre Dreidimensionalität gedanklich entwerfe. Bordwell nutzt die Filmanalyse, um eine neoformalistische Theorie zu entwerfen, die sich vor allem mit der Verstehensleistung des Zuschauers auseinandersetzt. Folglich begreift er den filmischen Raum als eine Interpretationsleistung des Betrachters. Ganz unterschiedliche Reize werden von ihm als Hinweise auf Räumlichkeit interpretiert. Diese müssen nicht einmal zwingend rein filmischer Natur sein: Grundsätzlich vereinen sich im Film die Tiefenkriterien statischer Bilder mit bewegungsinduzierten Kriterien. Hinzu kommt die Montage als spezifisch kinematografisches Element der Rauminszenierung[31].

Um die einzelnen Elemente und ihre raumgebende Wirkung genauer zu analysieren, dienen *Swimming Pool*[32], *The Straight Story*[33] und *Vertigo*[34] als Anschauungsbeispiele. Dabei sollen insbesondere die ersten beiden im Mittelpunkt der Betrachtungen stehen. Interessant ist, dass alle drei Filme im Bordwell'schen Sinne aus jeweils unterschiedlichen Epochen der kinematografischen Stilgeschichte stammen. In seinem Essay *Modelle der Rauminszenierung im zeitgenössischen europäischen Kino*[35] stellt er eine These auf, in der er die Existenz einer visuellen Geschichte des filmischen Stils verteidigt. Dabei stellt Bordwell das Mainstream-Hollywood-Kino der 1940er und -50er Jahre, den europäischen Film der 1970er und -80er Jahre und das zeitgenössische Hollywood-Kino als jeweils eigenständige Epochen heraus und behandelt ihre Spezifika in stilistischer, nicht narrativer Hinsicht. Dabei fällt auf, dass alle drei ganz eigene Modelle der Rauminszenierung entwickeln. Das Hollywoodkino der 1940er und -50er Jahre hat malerischen Charakter und inszeniert stark perspektivisch. Die diagonale Inszenierung in die Tiefe, die im klassischen Hollywood-Kino zu finden ist, wird in den 1960er Jahren auch aus Gründen der technischen Entwick-

---

30 Bordwell, David: Narration in the Fiction Film. Wisconsin: University of Wisconsin Press 1985, S. 99-130.
31 vgl. ebd., S. 117f.
32 Ozon, François: *Swimming Pool*, F 2003.
33 Lynch, David: *The Straight Story*, USA 1999.
34 Hitchcock, Alfred: *Vertigo*, USA 1958.
35 Bordwell, David: Modelle der Rauminszenierung im zeitgenössischen europäischen Kino. In: Rost, Andrea (Hrsg.): Zeit, Schnitt, Raum. München: Verlag der Autoren 1997, S. 17-42.

lung[36] abgelöst von einem zunehmend flächigen Stil, der sich im modernen europäischen Kunstkino durchsetzt. Die im rechten Winkel zum Bildhintergrund aufgestellte Kamera, die Parallelität von Film- und Bildebene und die daraus resultierende planimetrische, also flächige Bildkomposition werden zu etablierten Verfahren, um Bildtiefe zu repräsentieren. Das zeitgenössische Hollywood-Kino hingegen stellt sich als eine Art Mischform heraus, die die Verwendung kurzer Brennweiten und die sich daraus ergebende Schärfentiefe aus der klassischen Hollywood-Phase übernimmt, besonders aber für Außenaufnahmen auf die Verwendung langer Brennweiten und einen eher flächigen Stil zurückgreift und vereinzelt auch den planimetrischen Stil des europäischen Films der 70er und 80er Jahre aufgreift[37]. An die Existenz dieser stilistischen Unterschiede sollte man denken, wenn im Folgenden die genannten Filmbeispiele bezüglich ihrer Raumkonstruktion genauer betrachtet werden.

Swimming Pool und *The Straight Story* stellen nun zwei Filme dar, die beide eine vergleichbare Raumwirkung vorzuweisen haben, diese Räumlichkeit aber auf ganz unterschiedliche Art und Weise erzeugen. Eine beispielhafte Analyse ihrer jeweiligen Räumlichkeit konstruierenden Hinweisreize soll dies zeigen.

Allein die simple Positionierung eines Objektes oder einer Person vor einem Hintergrund erzeugt einander überlagernde Ebenen, die einen ersten Tiefeneindruck vermitteln (vgl. Abb. 2).

[36] Ein stilistischer Bruch ist in den 1960er Jahren zu verzeichnen, der mit der zunehmenden Verwendung des Farbfilms einhergeht. Aufgrund seiner Lichtempfindlichkeit kann dieser nicht lange belichtet werden und besitzt wenig Schärfentiefe. Des Weiteren bestand seit den 1950er Jahren die Tendenz zur Verwendung von Teleobjektiven, die durch ihre lange Brennweite das Blickfeld verengen und die Schärfentiefe zusätzlich vermindern. Zuvor setzte man in der Regel Weitwinkel-Objektive ein, die dank einer kurzen Brennweite das Volumen von Körpern und damit ihre Räumlichkeit betonen. Teleobjektive lassen das Bild prinzipiell flacher wirken, beispielsweise erscheint der Abstand von unterschiedlich tief liegenden Raumebenen geringer als bei der Verwendung von Weitwinkel-Objektiven (vgl. Bordwell, David: Modelle der Rauminszenierung im zeitgenössischen europäischen Kino, S. 25ff.).

[37] vgl. Bordwell, David: Modelle der Rauminszenierung im zeitgenössischen europäischen Kino, S. 27f.

Abb. 2: Ozon, François: *Swimming Pool*, F 2003, 00:17:22

Im Fall von François Ozons *Swimming Pool* sind bereits solche Basiselemente wichtiger Bestandteil der Inszenierung des filmischen Raums. Ozon, der in diesem Film eine besondere Schaffensphase der englischen Schriftstellerin Sarah Morton beschreibt, nutzt die Wasseroberfläche des Swimming Pools als piktorale Metapher für den Bildschirm des Computers, auf dem Sarah ihren Krimi verfasst. In dem Schwimmbecken und in dessen unmittelbarer Umgebung tragen sich die Ereignisse zu, die Sarah für ihren Roman digital festhält. Dieses Schwimmbecken bildet eine Symbiose mit der Benutzeroberfläche ihres Notebooks. Der Film ist geprägt durch seine enorm flach anmutenden Bilder, die kaum Tiefe betonen, da es die Oberflächen von Wasser und Bildschirm sind, die die Handlungsräume motivieren. Diese Form der planimetrischen Inszenierung erinnert stark an Bordwells Zuschreibung zum zeitgenössischen europäischen Kino. Zweiter wichtiger Ort der Narration ist das Ferienhaus von Sarahs Verleger John Bosload, in dem Sarah für einige Zeit wohnt. Im Haus selbst scheint die räumliche Tiefe keine Rolle zu spielen. Auch wenn Sarah vom Balkon oder Fenster aus das Geschehen am Pool beobachtet, sieht der Zuschauer die Bilder in einer derart starken Aufsicht, dass auch dieses eher wie eine flächige Leinwand anstatt eines filmisch inszenierten Raums anmutet. Und doch finden sich unweigerlich Raumtiefe erzeugende Momente, wie eben die einfache Positionierung einer Figur vor einem Hintergrund. Ein zu dieser Form gegensätzliches Extrem ist der unter anderem von Gilles Deleuze beschriebene Effekt der Schärfentiefe[38], bei dem mehrere in die Tiefe führende Ebenen gezeigt werden, auf denen sich jeweils für die

[38] vgl. Deleuze, Gilles: Bildfeld und Einstellung, Kadrierung und Szenenaufgliederung. In: ders.: Das Bewegungs-Bild. Frankfurt am Main: Suhrkamp 1997, S. 47 f.

Narration bedeutsame Handlungen vollziehen. Hier ist es nötig, die Schärfe des Bildes bis auf die hinterste Ebene auszudehnen, um die Handlung erkennbar zu gestalten. Logischerweise resultiert daraus eine enorme Bildtiefe, die die Räumlichkeit des Bildes unterstützt.

Ebenso erweitern vor die Figur gelagerte Ebenen den filmischen Raum. Um die Bewegungen und Handlungen der Figur nicht zu verdecken, bieten sich durchsichtige Ebenen an, die Ozon mit dem Element Wasser einsetzt, das wie erwähnt wichtige Handlungsräume bereitstellt (vgl. Abb. 3).

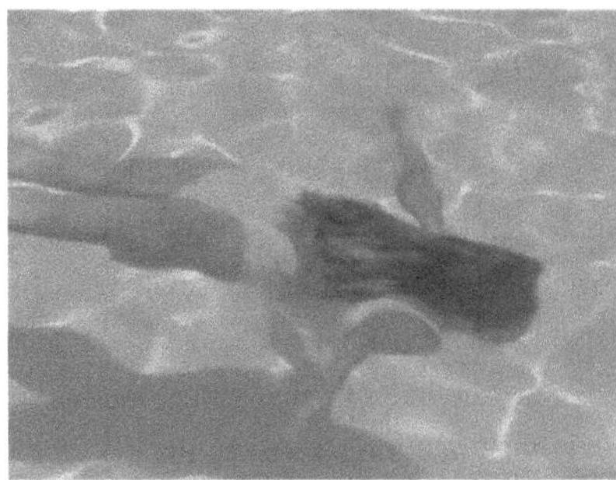

Abb. 3: Ozon, François: *Swimming Pool*, F 2003, 00:38:34

Wenn wir den Bewegungen der zweiten weiblichen Hauptfigur Julie unter der Wasseroberfläche folgen, lassen uns Lichtverhältnisse, Farbe und Textur erkennen, dass sie sich unter Wasser befindet. Ihr verzerrt erscheinender Körper ist eingeschlossen in eine luftleere Umgebung. Den Schlagschatten, den Julies Körper auf den Boden des Schwimmbeckens wirft, verstärkt den räumlichen Eindruck zusätzlich.

Licht und Schatten erwiesen sich bereits in der Malerei der Renaissance als wichtige Mittel zur Erzeugung eines räumlichen Eindrucks auf einer zweidimensionalen Leinwand. Der Schatten, den Marcels Hut auf seinen Oberkörper wirft (vgl. Abb. 4), zeigt, dass der Hut über seinen Kopf herausragt.

Abb. 4: Ozon, François: *Swimming Pool*, F 2003, 00:50:06

Andererseits erkennen wir anhand der dunklen Stellen auf dem Hut dessen Einbuchtungen und Falten. Schatten erzeugen Struktur und verstärken damit den plastischen Eindruck von Gegenständen und Figuren. Der Lichtverlauf kann Hinweise darauf geben, welche Gegenstände sich weiter vorn und welche sich weiter hinten befinden. Grundsätzlich scheinen uns hellere Objekte näher als dunklere. Man sollte allerdings vorsichtig mit diesen Annahmen umgehen, da allein künstliche Lichtquellen im Bild die räumlichen Verhältnisse stark verändern können.

Ebenso wie das Licht spielt die Farbgebung eine Rolle für den Tiefeneindruck. Julies rote Luftmatratze (vgl. Abb. 5) sticht dem Betrachter regelrecht ins Auge. Sie und der azurblaue Teil des Wasserbeckens setzen sich durch ihre intensiven Farben von den restlichen Objekten im Filmbild ab und scheinen näher zu sein als alles Übrige, näher sogar als der Baumstamm, der sich noch dichter an der Kamera befindet.

Abb. 5: Ozon, François: *Swimming Pool*, F 2003, 01:11:12

Je leuchtender und intensiver also die Farben sind, umso näher erscheinen uns die Gegenstände. Adäquat verhält es sich umgekehrt: Farb- und Luftperspektive beschreiben das Phänomen, dass die Farben von in der Ferne befindlichen Objekten verblassen und einen Blaustich erhalten, während sich zusätzlich mit zunehmender Entfernung immer mehr Luftpartikel zwischen Betrachter und betrachteten Gegenstand setzen und dessen Konturen an Schärfe verlieren. Eines der wenigen wirklich in die weite Landschaft führenden Bilder in Ozons *Swimming Pool* bietet sich in dem kurzen Gespräch zwischen Sarah und einem Dorfbewohner (vgl. Abb. 6).

Abb. 6: Ozon, François: *Swimming Pool*, F 2003, 01:13:41

Die Szene gibt im Hintergrund den Blick auf ein grünes Tal und ein von aufsteigenden Bergen umgebenes französisches Dorf frei. Über der Landschaft erstreckt sich der blaue Himmel, der fast ein Drittel des Bildes einnimmt. Die Berge werden merklich immer unschärfer und *verblauen*, je weiter sie sich in der Ferne befinden. Sie grenzen sich sichtbar von den leuchtend grünen Baumspitzen im Vordergrund ab.

Deutlich sind im Vordergrund die Oberflächenstrukturen des Gemäuers und der Pflanzen zu erkennen. Wenn sich diese Gegenstände weiter entfernen würden, dann würde ihre Textur kleiner und letztendlich auch undeutlicher werden.

Die von Hugo Münsterberg bereits angeführten Aspekte der Verdeckung und Überschneidung tragen maßgeblich dazu bei, dass für das Publikum ein Tiefeneindruck entsteht. Nicht zuletzt bei einem Dialog, wie dem triumphalen Gespräch Sarahs mit ihrem Verleger am Schluss des Films (vgl. Abb. 7), verdeckt ein Gesprächspartner häufig den anderen. Die dadurch hervortretenden Raumebenen werden wie bei Ozons Over-the-Shoulder Shot als ein räumliches Hintereinander der sprechenden Personen wahrgenommen.

Abb. 7: Ozon, François: *Swimming Pool*, F 2003, 01:31:57

Ebenso verhält es sich mit Größen- und Höhenunterschieden im Bild (vgl. Abb. 8).

Abb. 8: Ozon, François: *Swimming Pool*, F 2003, 01:24:39

Sarah, die vom Balkon aus auf Marcel hinunterblickt, ist nicht etwa um ein Vielfaches größer als Marcel. Die Entfernung lässt ihn rein optisch immer kleiner werden. Trotz der erhöhten Position Sarahs lässt sich eine imaginäre waagerechte Linie durch die Mittelpunkte beider Figuren ziehen: Sie befinden sich kompositorisch auf gleicher Höhe im Blickfeld. Durch diese perspektivischen Verlagerungen ergeben sich auch hier in die Tiefe führende Ebenen, die durch die Personen im Bild visualisiert werden. Vergleichend bietet sich ein komplementärer Blick der Kamera in einem ganz ähnlichen Moment des Plots (vgl. Abb. 9): Julie, die sich in der gleichen Position wie einige Minuten zuvor Marcel befindet und deren Köper wir nur als Silhouette erkennen, winkt der auf dem Balkon stehenden Sarah zu.

Abb. 9: Ozon, François: *Swimming Pool*, F 2003, 01:33:57

Diesmal zeigt uns die Kamera sozusagen den Gegenschuss der zuvor thematisierten Szene mit Marcel. Die Größenverhältnisse der Personen kehren sich um, nun ist Sarah diejenige, die sich im Hintergrund befindet. Die Schichtung des filmischen Bildes in mehrere Ebenen, die Vorder-, Mittel- und Hintergrund erzeugen, ist ein offenkundiges Prinzip der räumlichen Inszenierung in Ozons Film.

Ganz anders fällt diese Mise-en-Scène bei David Lynchs *The Straight Story* aus. Hier ergibt sich die Räumlichkeit weniger mit Hilfe einer Vermittlung durch die Figuren, sondern nutzt vielmehr die Landschaft und das Kriterium der Bewegung, welches sich als zentrales Thema des Road-Movies erweist. Durch dessen ständige Ironisierung in Form enorm langsam anmutender Bewegungen ist dieses Kriterium fortlaufend präsent. Die weiten Felder Iowas, die endlos langen Straßen und die unerträglich langsam anmutende Fortbewegung Alvin Straights auf einem Rasenmäher machen eine Figur nahezu überflüssig. Alvins Reise fordert nur selten die Aktion der filmischen Figur. Viele Szenen leben von der Weite der Landschaft und erzeugen besonders durch deren zentralperspektivische Abbildung den Eindruck von Räumlichkeit. Wenn Alvin, als er seine Reise antritt, vom hinteren Teil der Straße auf seinem Rasenmäher auf die Kamera zufährt, hat man den Eindruck, er käme aus der Ferne, aus einem tiefen Nirgendwo, das eigentlich nur am anderen Ende der Straße liegt (vgl. Abb. 10).

Abb. 10: Lynch, David: *The Straight Story*, USA 1999, 00:24:18

Häuserfronten, Fenstergiebel und Dachkanten flüchten nach hinten auf einen imaginären Punkt zu, sie kreuzen sich irgendwo hinter Alvin und machen ihn damit zum Mittelpunkt des Geschehens. Die Straßenlaternen führen ebenfalls in gleichmäßigen Abständen in den Hintergrund, ihre Laternenköpfe sowie die Abschlusskante des Trottoirs bilden Fluchtlinien, die das Bild in eine nahezu perfekte Zentralperspektive versetzen. Diese Form der perspektivischen Darstellung wird als eine der Grundprinzipien räumlicher Inszenierung im Film immer wieder aufgegriffen und durch die Verwendung von Aufsicht oder Untersicht sowie unterschiedlich vielen Fluchtpunkten variiert. Im Sinne David Bordwells ist *The Straight Story* in das zeitgenössische amerikanische Kino einzuordnen[39]. Es führt die diagonale Inszenierung des klassischen Hollywood-Kinos weiter und mischt sie mit Mitteln der flächigen Inszenierung. Typisch ist in jedem Fall der Einsatz der Zentralperspektive.

Bordwell begreift neben der Zentralperspektive auch andere Formen der Perspektive als raumschaffend[40]. Eher selten finden sich beispielsweise Bilder, die Objekte parallelperspektivisch zeigen. In François Ozons *Swimming Pool* existieren einige wenige dieser Darstellungsformen, so zum Beispiel ein Blick auf das Schwimmbecken mit der daneben liegenden Luftmatratze, die durch ihre intensive Farbgebung wieder hervorsticht (vgl. Abb. 11).

---

[39] vgl. Bordwell, David: Modelle der Rauminszenierung, S. 27.
[40] vgl. Bordwell, David: Narration in the Fiction Film, S. 104 ff.

Abb. 11: Ozon, François: *Swimming Pool*, F 2003, 00:25:01

Die Ränder des Beckens verlaufen weitgehend parallel, ebenso wie die Pflastersteine, die den Swimming Pool einsäumen. Ein Punkt, auf den alle Linien zulaufen, ist nicht erkennbar und auch nicht außerhalb des Kaders auszumachen.

Häufig finden sich in Bildern auf den ersten Blick gar keine der beiden genannten Perspektiven. Diese sind nur durch eine bereitgestellte Umgebung, einen Ort oder Raum, in dem sich eine Figur befindet, zu erfassen. Doch wie lässt sich eine Perspektive beschreiben, die nicht durch eine Landschaft, durch Straßenzüge oder andere örtliche Begebenheiten definierbar ist? Wenn man zum Beispiel nur die Person selbst sieht, alles sie Umgebende ist unscharf wahrnehmbar oder verschwindet im Dunkel der Aufnahme (vgl. Abb. 12).

Abb. 12: Lynch, David: *The Straight Story*, USA 1999, 00:23:18

Es gibt weder Vorder- noch Hintergrund, sondern nur eine räumliche Ebene im Bild, die von der Figur selbst dominiert wird. Der einzige Hinweis auf Dreidimensionalität findet sich demzufolge in der Betrachtung der Figur. Ihr Körper ist das einzige Element, das perspektivisch dargestellt wird, und der Zuschauer kann anhand dieses körperperspektivischen Bildes Rückschlüsse auf die Inszenierung des filmischen Raums ziehen. Es bildet sich eine Art Perspektive, die ohne die Einordnung in einen architektonischen oder landschaftlichen Kontext funktioniert.

Begibt man sich in die filmspezifischen Gefilde der Rauminszenierung, so sind zwei grundlegende Verfahren der Raumtiefenkonstruktion zu nennen: Zum einen ist es die Bewegung, die der Film im Gegensatz zur Fotografie realistisch widergeben kann. Zum anderen ist durch die Montage noch ein weiteres kinematografisches Prinzip gegeben, das den Raum neu organisiert und damit vorher nicht existierende Wege der räumlichen Inszenierung beschreitet. Die Abbildung von Bewegung als dem Film inhärentem Prinzip eröffnet ganz andere Möglichkeiten der Raumkonstruktion, als die zuvor beschriebenen Tiefenkriterien. Diese sind auch im statischen Bild umsetzbar. Die Bewegung von Objekten macht deren räumliche Ausdehnung erst wahrnehmbar und verleiht ihnen ihre Körperlichkeit. James Jerome Gibson, ein amerikanischer Psychologe des 20. Jahrhunderts, der sich insbesondere mit der Wahrnehmungspsychologie beschäftigte, macht mit einer ausführlichen Klassifikation von Räumlichkeit erzeugenden Bewegungsformen auf deren Vielfalt aufmerksam[41]. Ob es ein Wassertropfen ist, der auf den Boden fällt oder Alvin, der auf seinem Rasenmäher einen Weg von über 400 Kilometern zurücklegt: Die Positionsänderung von Menschen und Objekten oder schlicht deren innerkörperliche Bewegung in Form von Verformungen oder Ähnlichem manifestiert die Existenz eines Raums als Grundvoraussetzung und Bedingung für alles Weitere. Um eine Handlung auszuführen, muss es nicht nur eine gewisse zeitliche Ausdehnung geben, sondern auch ein entsprechender Handlungsraum bereit gestellt werden. Darauf aufbauend zeigt jegliche Form der Bewegung die räumliche Ausdehnung des Körpers. Insbesondere die Bewegung vom Hinter- in den Vordergrund des Bildes und umgekehrt verleiht einen enormen Tiefeneindruck, wie es uns durch Alvin und seine Fahrt im Schneckentempo gezeigt wird. Bewegung an sich wird zum Thema in *The Straight Story*, damit verbunden ein gewisses Tempo oder eher Nicht-Tempo, das sich in Lynchs Film zu einem Maximum ausdehnt und das Phänomen der Bewegung dadurch zusätzlich thematisiert und betont.

---

[41] vgl. Gibson, James J.: Wahrnehmung und Umwelt. München: Urban & Schwarzenberg 1982, S. 101ff.

Verschiedene Bewegungsformen erzeugen unterschiedliche Effekte, sei es das Phänomen der illusionierten Eigenbewegung[42] oder die Bewegungsparallaxe, die beschreibt, dass sich das weiter entfernt befindliche von zwei identischen Objekten langsamer zu bewegen scheint als das weiter vorn befindliche[43]. Grundsätzlich dienen uns all diese Bewegungsformen der Wahrnehmung und kognitiven Rekonstruktion von Räumlichkeit. Dies endet jedoch nicht mit der bloßen Betrachtung von sich bewegenden Objekten im filmischen Bild. Die Bewegung der Kamera muss ebenso in die Betrachtungen eingebunden werden. Kamerabewegung ermöglicht grundsätzlich einen Perspektivenwechsel und erzeugt dadurch den Eindruck von Räumlichkeit. Sie kann sich innerhalb des Bildfeldes in die drei Dimensionen des Raums bewegen und somit eine Raumerfahrung beim Zuschauer ermöglichen. Die Kameralinse tastet das Dargestellte optisch von mehreren Seiten ab und macht es für den Zuschauer räumlich erfahrbar. Manchmal hat er sogar den Eindruck, durch den Raum zu gehen, um ein Objekt herum und es dadurch in seiner dreidimensionalen Ausdehnung erfassen zu können. Zwar können Fahrten seitwärts und seitliche Schwenks keinen enormen räumlichen Eindruck erzeugen, weil sich die Kamera parallel zum dargestellten Raum bewegt; vorwärts gerichtete Kamerafahrten erzeugen allerdings einen starken räumlichen Eindruck. Rückwärtsfahrten öffnen für uns einen filmischen Raum. Sogar die „unechte" Kamerabewegung des Zooms[44] erzeugt einen spezifischen Tiefeneindruck: Hier kommt es zu einer Transformation der Tiefenrelationen der Figur zum Hintergrund. Der Travelling-Zoom beispielsweise erzeugt den sogenannten Vertigo[45]-Effekt, bei dem man sich eines einfachen Tricks bedient, um eine optische Täuschung zu erzeugen: Während die Kamera auf ein Objekt oder eine Figur zufährt,

---

[42]Die illusionierte Eigenbewegung ist eine optische Täuschung, die sich wie folgt beschreiben lässt: Eigentlich bewegen sich die Elemente im Filmbild, aber durch den Einsatz filmischer Verfahren wird für den Zuschauer der Eindruck erzeugt, er würde sich selbst bewegen. Räumlichkeit entsteht, da der Zuschauer den Eindruck hat, durch den filmischen Raum gehen zu können. Ein bekanntes Besipiel aus dem Alltag ist die Situation, wenn man in einem stehenden Zug sitzt. Wenn der benachbarte Zug losfährt, hat man den Eindruck, der eigene Zug würde losfahren und man würde sich bewegen.

[43] Rein optisch legt das weiter hinten befindliche Objekt einen kürzeren Weg zurück. Obwohl beide gleich schnell sind, entsteht dadurch der Eindruck, das vordere Objekt würde sich schneller bewegen.

[44] Bei dem Zoom handelt es sich um eine „unechte" Kamerabewegung, weil sich eigentlich die Kameralinse bewegt und ihren Fokus verändert, der Betrachter des Filmbildes allerdings den Eindruck gewinnt, die gesamte Kamera würde ihren Standpunkt ändern.

[45] engl. *Schwindel*; Vertigo beschreibt im Speziellen das Schwindelgefühl, das Menschen mit Höhenangst empfinden, wenn sie sich in einer solchen Angst auslösenden Situation befinden.

zoomt sie gleichzeitig von dem Bildgegenstand weg oder umgekehrt. Der Bildausschnitt als solches wird dadurch nicht verändert, aber die Gegenstände im Bild scheinen sich seltsam zu bewegen. Figur und Grund ändern scheinbar ihren Abstand zueinander, was ganz automatisch ein Schwindelgefühl beim Betrachter hervorruft, ohne dass es eine tatsächliche Bewegung der Gegenstände gegeben hätte. Alfred Hitchcock hat den Vertigo-Effekt meisterhaft angewendet, unter anderem in seinem gleichnamigen Film, um die Höhenangst und das Schwindelgefühl des Polizisten John *Scottie* Ferguson auf dem Glockenturm mit dem Zuschauer zu teilen.

Die Montage ist wohl das einzige ausschließlich kinematografische Prinzip der Raumgestaltung. Sie dient in erster Linie der zeitlichen Organisation des Films, erfüllt aber auch eine raumkonstruierende Funktion, indem die Verknüpfung von einzelnen Raumausschnitten nach dem Kontinuitätsprinzip den Eindruck von einem homogenen Raum – einem narrativen Raum – erzeugt, in dem sich die Handlung abspielt. Die Montage bildet ein Pendant zur visuellen Wahrnehmung und kognitiven Konstruktion des Raumeindrucks in der Realität. Die Verbindung von einzelnen Einstellungen ist vergleichbar mit unserer Bewegung durch den Raum, dem Betrachten eines Objektes von unterschiedlichen Positionen aus und der sinnvollen Verknüpfung der einzelnen Seheindrücke. Indem der Film eine kontinuierliche und logische Bewegung der Bilder generiert, simuliert er die Positionierung des Zuschauers in einem räumlichen Umfeld, das er durchlaufen kann und somit die Räumlichkeit am eigenen Leib erfährt. Der Film suggeriert die Wahrnehmung von einem *Vor-dem-Zuschauer*, *Hinter-dem-Zuschauer* und weiterer Ebenen in der eigentlichen Dreidimensionalität. Sobald die Logik des Films der Einheit von Ort, Zeit und Handlung in der Realität entspricht, fällt es dem Zuschauer nicht mehr schwer, sich ein dreidimensionales Universum mit all seinen räumlichen Tiefeneindrücken vorzustellen.

Gelegentlich macht sich der Film ein weiteres Kriterium zunutze, um mit räumlichen Eindrücken zu spielen. Dabei verwendet er eben nicht die Möglichkeiten, Gegenstände und Sachverhältnisse durch den Kader des Filmbildes zu zeigen, sondern setzt gerade das Nicht-Sichtbare für die Inszenierung des filmischen Raums ein. Die Kadrierung schafft eine Trennung zwischen dem innerbildlichen *Onscreen* und dem außerbildlichen *Offscreen*[46]. Die Besonderheit der Kadrierung besteht darin, dass

[46] Detaillierte Ausführungen zur Thematik von On- und Offscreen gibt Hans Beller in seiner Aufsatzsammlung. (vgl. Beller, Hans u.a. (Hrsg.): Onscreen/Offscreen: Grenzen, Übergänge und Wandel des filmischen Raums. Ostfildern bei Stuttgart: Hatje Cantz 2000. vgl. auch Bonitzer, Pascal:

sie einen Raum zeigt, der außerhalb der filmischen Rahmung weitergeführt werden kann. Die Imagination des Zuschauers in Bezug auf den filmischen Raum ist hier enorm, muss er sich doch neben dem Raum auch die Handlung vorstellen. Regisseure setzen die Rahmung immer wieder ein, um das Geschehen außerhalb des Bildes fortzusetzen und für den Zuschauer Spannung zu erzeugen, da er diese Handlung visuell nicht erfassen kann. Der Off-Raum konstituiert sich demnach als theoretisch nur vom Zuschauer konstruierter, vorgestellter Raum und verbindet sich unweigerlich mit dem Innerbildlichen.

Zusammenfassend lässt sich eine Vielzahl von Gestaltungsmitteln identifizieren, die zur Konstruktion filmischen Raums beitragen. Es bleibt zu betonen, dass es nahezu utopisch ist, alle Elemente in ihrer Gesamtheit erfassen zu wollen. Die bisherigen Feststellungen können im Folgenden dazu dienen, Kenntnisse in Bezug auf den filmischen Raum auf die Ebene der Architektur zu übertragen und sich zu fragen, inwiefern das Auftreten von Gebäuden und anderen architektonischen Elementen zur Konstruktion des filmischen Raums beiträgt.

Des hors champs. 1976. In: ders.: Le regard et la voix. Paris: Union Générale d'Éditions 1972, S. 9-24.)

3 Realarchitektur und die Konstruktion des filmischen Raums

Architektur gilt als wichtiges Element zur Gestaltung des Filmraums, sowohl in narrativer als auch in formaler Hinsicht. Diese Feststellung wurde bereits von zahlreichen Filmwissenschaftlern gemacht. Welche konkreten Eigenschaften der Architektur jedoch dazu beitragen, wird nur selten explizit benannt. Es benötigt eine interdisziplinäre Auseinandersetzung, um sich der Thematik tiefergehend zu nähern. Die folgenden Überlegungen setzen sich mit der Frage auseinander, wie die Verwendung von Architektur im Film die filmische Raumtiefe beeinflusst. Generiert sie selbst einen Raum oder zerstört sie ihn? Erweitert sie oder schränkt sie ein? Inwiefern verhilft die Verortung der Filmfigur in einem umbauten Raum dem Zuschauer zur Imagination einer Dreidimensionalität? Mit den Ausführungen in Kapitel 3.1 und 3.2 soll der Versuch unternommen werden, zwei theoretische Positionen bezüglich der Thematik Architektur und Raum zu diskutieren. In Doris Agotais, Vrääth Öhners und Marc Ries' Auseinandersetzungen lässt sich eine Grundfrage erkennen, die sowohl in der Architektur- als auch in der Filmtheorie immer wieder auftaucht: Hat Architektur einen Raum generierenden oder destruktiven Effekt? Stellvertretend durch die genannten Autoren soll auf die Existenz zweier Positionen aufmerksam gemacht werden, um im Folgenden auf die Rolle der Figur für die Konstruktion des filmischen Raums einzugehen und die Beziehung zwischen Architektur und filmischer Raumtiefe zu untersuchen. Die Ausführungen dieses Kapitels beziehen sich auf Realarchitektur, also auf Architektur, die in der Realität existiert und abgefilmt wird. Sie ist abzugrenzen von der Filmarchitektur, die ausschließlich für den Film gebaut ist, da sie sich beachtlich von der Realarchitektur unterscheidet, wie in den nachfolgenden Kapiteln noch zu zeigen sein wird. Ob die theoretischen Annahmen auch auf die Filmarchitektur anwendbar sind, wird die Analyse entsprechender Filme zeigen.

3.1 Die Konstruktion des filmischen Raums durch Architektur

Doris Agotai gehört zu denjenigen Autorinnen, die sich aus architekturwissenschaftlicher Sicht mit der Beziehung von Raum, Film und Baukunst auseinandersetzen. Die

Architektin befasst sich in ihrer Dissertation[47] mit der Analyse von Architektur unter Zuhilfenahme kinematografischer Begriffe. Ihre Hypothesen, die eine Analogie zwischen Film und Architektur betonen, analysieren die räumliche Wirkung von Architektur. Daraus ergeben sich Schlussfolgerungen für die filmtheoretische Fragestellung, wie die Abbildung von Architektur auf der Leinwand filmische Räume schafft und deren räumliche Wirkung beeinflusst. Agotai spricht von einem „Terminologietransfer“[48] des filmischen Wortschatzes, den sie auf die Architektur anwendet, um damit räumliche Wirkungen zu analysieren. Welche Konsequenzen ergeben sich aus der von Agotai erhobenen Parallelisierung? Doris Agotais transdisziplinärer Ansatz dient im Folgenden als theoretische Basis, von der ausgehend ein Konzept entwickelt wird, das die Existenz von einer Doppelung des filmischen Raums zur Diskussion stellt und die sich daraus ergebenden Konsequenzen untersucht.

Doris Agotai geht davon aus, dass der filmische Raum Wirkungen erzeugt, die sich auch in der Architektur finden lassen[49]. Als Unterschiede zwischen beiden stellt sie Rahmenbedingungen und Intentionen der Raumwirkung heraus. Ebenso wie in den Ausführungen zur Konstruktion des filmischen Raums[50] identifiziert Agotai kinematografische Gestaltungsmittel, die bewusst zur Erzeugung von Raumwirkung beitragen und die Vorstellungskraft des Zuschauers aktivieren. In ihrer Dissertation sucht sie nach alternativen Zugängen zu einer Analyse der räumlichen Wirkung von Architektur und befindet die Filmwissenschaft als geeignet, da sie ein adäquates Vokabular bereitstellt, das in der Architekturtheorie nicht existiert. Weitere Vorteile lassen sich ihrer Meinung nach in der Möglichkeit finden, persönliche Raumerfahrung durch die subjektive Darstellungsweise der Kamera zu realisieren sowie in der Modalität, räumliche Entwicklungen durch Bewegung darstellbar zu machen[51]. Ähnlich wie es im Zuge der Überlegungen zum filmischen Raum geschah, betont Agotai auch in der Architektur die Bedeutung des wahrnehmenden Subjekts als jene Instanz, die Raum konstituiert. Die Autorin führt in diesem Zusammenhang die Begriffe des „äußeren“[52] objektiven und des „inneren“[53] mentalen Raums ein, der eine subjektive In-

[47] vgl. Agotai, Doris: Architekturen in Zelluloid: Der filmische Blick auf den Raum. Bielefeld: transcript-Verlag 2007.
[48] ebd., S. 15.
[49] vgl. ebd., S. 9.
[50] vgl. Kapitel 2.2 der vorliegenden Studie.
[51] vgl. Agotai, Doris: Architekturen in Zelluloid: Der filmische Blick auf den Raum, S. 15 ff.
[52] ebd., S. 25.
[53] ebd.

terpretation des Wahrgenommenen darstellt und Raumwirkung erst konstruiert. Man kann sogar von einer grundsätzlichen Dualität dieser Raumwirkungen ausgehen, indem Räumlichkeit zwar im äußeren Raum und seiner räumlichen Tiefenstruktur bereits angelegt ist, durch das Subjekt und dessen inneren Raum aber einer ständigen Aktualisierung unterzogen wird. Zentral in Agotais Überlegungen ist nicht nur die Existenz eines Subjektes, sondern auch dessen Bewegung – ein Aspekt, der im Folgenden noch eine wichtige Rolle spielen wird, wenn es um die Bedeutung des Menschen und seines performativen Aktes für die Konstruktion von Räumlichkeit geht.

Doris Agotai hat in ihrer Untersuchung klassisch narrative Filme auf Gestaltungsmittel hin analysiert, die zur Raumwirkung beitragen. Sie identifiziert diese in der Kadrierung, der Montage und der Erzählperspektive eines Films. Alle drei Elemente haben bereits im Kapitel zur Konstruktion des filmischen Raums eine Rolle gespielt und wurden als Raum konstruierende Bestandteile innerhalb eines Films erläutert. Die Autorin nimmt nun eine Gegenüberstellung dieser filmischen Elemente mit architektonischen vor und ordnet ein jeweiliges Pendant zu.

Das erste Begriffspaar, welches sich diesbezüglich festmachen lässt, ist das der Kadrierung auf der filmischen und der Öffnungen auf der architektonischen Seite. Bei der Kadrierung handelt es sich um die Rahmung des Bildes. Durch die Definition eines Bildausschnittes wird über wichtige räumliche Komponenten entschieden. In erster Linie legt die Kadrierung einen bildlichen und einen außerbildlichen Raum, den sogenannten *Off-Raum* oder *hors-champs*, fest. Nur weil es sich bei dem Off-Raum um einen Bereich handelt, der für den Zuschauer visuell nicht mehr zugänglich ist, heißt das nicht, er hätte keinerlei Bedeutung für den filmischen Raum. Ganz im Gegenteil: Das, was wir nicht mehr sehen können, was uns aber durch den sichtbaren Bildbereich angedeutet wird und logisch fortsetzbar ist, lässt unsere Phantasie spielen. Wir wollen herausfinden, was sich hinter dem Sichtbaren verbirgt. Die Rahmung des Bildes lenkt den Blick des Betrachters und ist zugleich ein Gedanken erweiterndes Konzept. Der Raum im Off ist Agitationsort des Unsichtbaren, wobei unsere Vorstellungskraft als Vermittlungsinstanz tätig wird. Verdeckt liegende Räume sind grundsätzlich weitere Gestaltungsfelder, der *hors-champs* verweist auf das Nicht-Wahrnehmbare, das aber trotz allem gegenwärtig ist. Eben gerade durch dessen Abwesenheit erfährt das Außerbildliche eine ständige Thematisierung und bildet einen imaginären Raum in maximaler Instanz. Narrativer Raum und Räumlichkeit sind hier zwei fest miteinander verbundene Konzepte. Der nicht sichtbare narrative Raum verhilft zur Imagination von Räumlichkeit. Diesem im Wesen des Films verhafteten Spiel mit Sichtbarem und Nicht-Sichtbarem entsprechen in der Architektur die diversen Gebäudeöffnungen wie Fenster und Türen. Diese konstituieren sich als vom Betrachter unabhängige Verbindungselemente, die den Blick von einem Raum auf einen anderen freigeben, obwohl beide eigentlich von einer Mauer oder Ähnlichem getrennt sind. Im Unterschied zum filmischen Raum wird der architektonische in der Regel außerhalb der Kadrierung nicht fortgesetzt, sondern ein neuer konstruiert. Wenn man durch eine Tür geht, betritt man automatisch einen anderen Raum, wohingegen der filmische Raum über die Grenzen seines Rahmens hinausläuft. Die architektonische Kadrierung hat ebenso wie die kinematografische nicht nur zeigende, sondern auch verdeckende Funktion, bei beiden aktiviert das Nicht-Sichtbare die Vorstellungskraft. Interessanter Weise beschreibt Agotai den immersiven Effekt für den Betrachter von Film und Architektur gleichermaßen, wobei es bei der Architektur wiederum die kinematografischen Eigenheiten[54] sind, die den Betrachter illusorisch in den Raum hineinversetzen[55]. Immersiv kann daher nur das Kino selbst sein, Architektur bedient sich lediglich filmischer Elemente, um die gleiche Wirkung zu erzielen. In der Architektur ist allerdings eine in die Tiefe führende Kadrierung des Raums möglich, die der Film allein durch seine technischen Gegebenheiten nicht umsetzen kann. Hier ist es der Film, der sich architektonischer Elemente wie Türrahmen, Pilaster oder Säulen bedient, um der Cadrage eine Sur-Cadrage[56] hinzuzufügen.

Neben filmischer und architektonischer Rahmung bilden auch die filmische Montage und die Wahrnehmung des Menschen beim Gehen durch verschiedene Räume eines Gebäudes ein Analogon. Die Montage schafft durch die Verbindung einzelner Einstellungen nach bestimmten Regeln ein kontinuierliches Geschehen auf der Leinwand, das durch zeitliche, räumliche und handlungslogische Anschlüsse den

[54] Die Autorin beschreibt ein Wohnhaus in Sevgein, in dem ein Fenster eine ganze Wand einnimmt, sodass es Kinoleinwandcharakter erhält und sich der Betrachter nicht vor der Landschaft, die es zeigt befindlich fühlt, sondern in der Landschaft befindlich.

[55] vgl. Agotai, Doris: Architekturen in Zelluloid : Der filmische Blick auf den Raum, S. 64 ff.

[56] Während *Cadrage* die Rahmung des filmischen Bildes durch die Kameralinse beschreibt und damit Bestimmungspunkt für Bildausschnitt und Einstellungsgröße ist, versteht man unter einer *Sur-Cadrage* eine Rahmung im Bild, die sich durch die abgebildeten Gegenstände selbst ergibt. Filmemacher setzen zum Beispiel Fenster- oder Türrahmen ein, um einen bestimmten Ausschnitt im Bild extra zu rahmen und diesen zu betonen.

Eindruck von einem realen Raum beim Zuschauer erzeugt[57]. Diese Methode der Zusammensetzung von Segmenten entspricht der kognitiven Verarbeitung räumlicher Eindrücke und der sich daraus ergebenden Raumwahrnehmung. Die Räumlichkeit, die sich im Film besonders aus der Zusammenführung verschiedener Ansichten eines Gegenstandes ergibt, lässt sich nach Agotai vergleichen mit dem Gang einer Person durch ein Gebäude. Der Unterschied zwischen beiden besteht in der Tatsache, dass sich der Betrachter in der nicht-filmischen Realität tatsächlich durch einen Raum bewegt, während es sich bei der filmischen Realität um eine nur scheinbare Bewegung handelt, da der Zuschauer im Kinosessel bewegungslos ist, er aber durch die bewegte Projektion sinnbildlich durch den filmischen Raum geführt wird. Die hintereinander ablaufenden Kader des Filmstreifens entsprechen demzufolge dem wandernden menschlichen Blick.

Wie sich die Beziehung zwischen filmischer Montage und visueller Raumerfahrung in der Architektur genauer beschreiben lässt, wird in verschiedenen theoretischen Ansätzen erläutert. Denkt man an Lew Kuleschows Montageexperimente, kommt zunächst die assoziierende Funktion von Montage und serieller Raumwahrnehmung in den Sinn[58]. In seinen Experimenten hat der russische Regisseur Kuleschow unter anderem Einstellungen des Schauspielers Mosschuchin mit unterschiedlichen Situationseinstellungen, zum Beispiel einem Gefängnis, der Sonne oder einer Landschaft kombiniert. Die Experiment-Teilnehmer, die die montierten Einstellungen ansahen, interpretierten in den Gesichtsausdruck des Schauspielers jeweils unterschiedliche Emotionen, wie Trauer, Glück oder Ähnliches. Aus diesem Resultat leitete Kuleschow die These ab, dass es nicht wichtig sei, wie etwas aufgenommen wird, sondern, wie die Einstellungen aneinander montiert sind[59]. Durch die Zusammenfügung einzelner Elemente wird der jeweilige Raum in ein Umfeld eingebettet und

---

[57] Dies lässt sich zumindest auf klassisch narrative Filme beziehen. Jump Cuts oder elliptisch Inszenierungen wie in Godards *A bout de souffle* zeichnen sich durch zeitliche wie räumliche Sprünge aus und besitzen kaum noch kohärente räumliche Zusammenhänge.

[58] Anthony Vidler bezeichnet beispielsweise die Analogie, die zwischen der filmischen Montage und der Architektur besteht, als „architektonische Montage" (Vidler, Anthony: Die Explosion des Raums: Architektur und das filmische Imaginäre. In: Neumann, Dietrich (Hrsg.): Filmarchitektur: Von Metropolis bis Blade Runner. München [u.a.]: Prestel 1996, S. 22.). Dabei bezieht er sich auf Eisensteins Aufsatz *Montage und Architektur* (vgl. Eisenstein, Sergei: Montage and Architecture. In: Taylor, Richard; Glenny, Michael (Hrsg.): Selected works/S. M. Eisenstein. London: BFI [u.a.] 1994, S. 58-81.) und beschreibt die strukturierende Funktion, die sowohl architektonische Elemente als auch die filmische Montage erfüllen.

[59] vgl. Leyda, Jay: Kino: A history of the Russian and Soviet Film. Princeton, New Jork: Princeton University Press 1983, S. 164f.

schafft so Vergleichsmöglichkeiten, die den räumlichen Eindruck beeinflussen. Weiterhin können beide Formen Raum konstruierend fungieren, indem Einstellungswechsel und Umherwandern Orte miteinander verknüpfen und räumliche Beziehungen schaffen. Helmut Weihsmann unterstreicht in ähnlicher Weise wie Doris Agotai die Analogie zwischen menschlicher Raumwahrnehmung und filmischer Montage. Innerhalb des Films selbst dienen beide der Raumentfaltung und versinnbildlichen ein prozesshaftes Erfahren des Raums sowie dessen ständige Prüfung und Aktualisierung: „Das einstmals kognitive, kontemplative Erleben von Architektur wandelte sich zur Betrachtung in der Zweidimensionalität abstrahierter Architekturformen.“[60]

In einem folgenden Kapitel unternimmt Doris Agotai den Versuch, narrative Strukturen auf die Architektur zu übertragen[61] und bezieht ihre Ausführungen stärker auf den narrativen Raum. Wenn Erzählmuster in einem Film ein kohärentes, dreidimensionales Universum schaffen, sind dann nicht auch in der Baukunst narrative Strategien zu finden, die die Erzeugung eines Tiefeneindrucks unterstützen? Agotai geht davon aus, dass sich diese narrativen Strukturen in erster Linie in der Wanderung des Betrachters durch die Räume und die damit verbundene perspektivische Wahrnehmung ergeben. Die Konzepte der Erzählperspektive und des *Mental mapping*[62] finden in architektonischen Erzählungen ihre Anwendung. Das Begehen der Räume hat den Charakter einer Geschichte, die erzählt wird. Durch einen Spaziergang entstehen architektonische Eindrücke, die durch einen Erzähler vermittelt werden. Gibt es eine logische Abfolge dieser architektonischen Eindrücke, entsteht wie im Film ein kontinuierlicher Handlungsablauf, der sich in einer kohärenten, dreidimensionalen Welt abspielt. Raumfolgen haben also erzählerisches Potenzial. Der Unterschied zum Film besteht darin, dass in diesem eine Geschichte verräumlicht wird, während sich das Phänomen in der Architektur umkehrt und der Raum eine Narrativierung erfährt.

Welche Schlussfolgerungen lassen sich nun aus den Ausführungen Doris Agotais ziehen? Die Autorin macht deutlich, dass Architektur bereits viele Raum konstruierende Merkmale aufweist, die im Grunde nur noch der filmischen Doku-

[60] Weihsmann, Helmut: Cinetecture: Film, Architektur, Moderne. Wien: PVS 1995, S. 56.
[61] vgl. Agotai, Doris: Architekturen in Zelluloid : Der filmische Blick auf den Raum, S. 125 ff.
[62] aus dem Englischen; Das *Mental mapping* beschreibt die Erstellung kognitiver Karten, also eine mentale Repräsentation von Orten oder Räumen. Roger M. Downs und David Stea erläutern das Konzept ausführlich (Downs, Roger M.; Stea, David: Kognitive Karten: die Welt in unseren Köpfen, New York: Harper & Row, 1982.).

mentation bedürfen. Sie hat logische Vergleichspunkte von filmischen und architektonischen Elementen gefunden, die räumliche Wirkungen erzielen. Sei es die Kadrierung im Film und Öffnungen von Gebäuden, die Montage und die sequenzielle Erschließung eines Raums oder die Erzählung, die einen filmischen Raum erzeugt, und das Gehen durch ein Gebäude, das sich wie eine Erzählung organisiert: Die gebildeten Begriffspaare zeigen, dass es in der Architektur Formen gibt, die dem Film stark ähneln. Sie konstruieren wie der Film auch Räumlichkeit. Dabei sind die miteinander konfrontierten Begriffe in keinem Fall gleichzusetzen. Es gibt jeweils Unterschiede. Genau diese sind es letztendlich auch, die die Raumkonstruktion des Films optimieren, wenn in ihm Architektur zum Vorschein kommt. Eine Doppelung der filmischen Funktionsweisen durch die Architektur intensiviert den tiefenräumlichen Effekt. Was die Architektur nicht leisten kann, wird vom Film kompensiert und umgekehrt. Beispielsweise ist eine Sur-Cadrage im Film mit Hilfe architektonischer Elemente im Bild oder inszenatorischer Bestandteile zu erzeugen. Der Film allein wäre dazu nicht in der Lage. Die Schichtung in die Tiefe haben wir folglich stärker der Architektur zu verdanken, während die Immersion des Zuschauers als weitere wichtige Komponente der Raumkonstruktion nur durch den Film und seine spezifischen Eigenschaften möglich ist. Wie stark die architektonischen Linien in die Tiefe flüchten und den perspektivischen Eindruck verstärken, hängt von der Position der Kamera zum gezeigten Objekt und der sich daraus ergebenden Kameraperspektive ab. Mit Architektur im Film kann die Kadrierung nun sowohl auf neue Räume außerhalb des Bildes verweisen als auch die im Bild erscheinenden im Off weiterführen. Architektur fungiert demzufolge sowohl als *cadre* als auch als *cache* im Bazin'schen Sinne[63]. In Bezug auf die Montage lässt sich mit der Einbindung von Architektur im Film nur ein schwacher Effekt erkennen. In erster Linie besteht er in erweiterten Assoziationsmöglichkeiten. Gebäude können im Film nicht nur mit anderen verglichen, sondern auch mit Emotionen, Mensch und Natur assoziiert und dadurch in einen anderen Kontext eingebunden werden, der die räumlichen Vergleichspunkte noch weiter fasst. In Bezug auf die Erzählstrukturen erweist sich Architektur im Film als ideale Umsetzung narrativer Strukturen. Sie stellt einen Handlungsraum zur Verfügung und ist als direkte Realisierung der Verräumlichung einer Geschichte zu sehen. Es bleibt zu überlegen, ob es nicht auch im Film bauliche Metaphern gibt, die auf Analogien zwi-

[63] vgl. Deleuze, Gilles: Bildfeld und Einstellung, Kadrierung und Szenenaufgliederung. In: ders.: Das Bewegungs-Bild. Frankfurt am Main: Suhrkamp 1997, S. 32 f.

schen Architektur und Film hinweisen, und anhand derer man weitere Rückschlüsse auf die raumgebende Funktion von Architektur im Film ziehen kann.

Die Gegenüberstellung Raum konstruierender Elemente im Film mit denen der Architektur stellt eine alternative Herangehensweise an die Grundproblematik der vorliegenden Studie dar. Sie zeigt, inwiefern architektonische Elemente den filmischen Raum erweitern können. Die Aufgabe der Architektur in Bezug auf die Konstruktion eines filmischen Raums ist ausgehend von Doris Agotais Betrachtungen in ihrer enormen Ähnlichkeit zu filmischen Mitteln der Raumkonstruktion zu sehen. Welche spezifischen Eigenschaften die Architektur zur Schaffung eines räumlichen Eindrucks hat, erklären Agotais Annahmen nur ungenügend. Vollständigkeit kann ihr Ansatz also nicht beanspruchen. Allerdings zeigt er, wie erwähnt, jene Momente von Architektur auf, die Raum generieren und grenzt sich von dem Konzept der Raumzerstörung durch Architektur ab. Dieses Konzept soll im Folgenden anhand einiger Thesen von Vrääth Öhner und Marc Ries[64] genauer erläutert werden.

3.2 Die Destruktion des filmischen Raums durch Architektur

Ähnlich wie Doris Agotai gehen Vrääth Öhner und Marc Ries in ihrem Essay von der Vergleichbarkeit des Films mit Gebäuden als architektonische Werke aus. Die durch die Mauern hervorgerufene Abgrenzung eines Innenraums von einem Außenraum entspricht wie bei Agotai der filmischen Kadrierung, die Kamerabewegung der subjektiven Raumerfahrung und die Montage der Verbindung unterschiedlicher Raumeindrücke zu einer räumlichen Kontinuität mit zeitlicher Ausdehnung. In ihre Betrachtungen beziehen Öhner und Ries sogar Gilles Deleuze und dessen Unterscheidung des filmischen Raums in einen Raum innerhalb des Bildfeldes (*cadre*) und eine Raum erzeugende Synthese der Bilder[65] ein. Auch hier greifen Öhner und Ries den Vergleich zur Architektur auf. Deleuzes Räume des Bildfeldes und die Räume durch Verkettung einzelner Einstellungen entsprechen demnach den Zimmern eines Gebäu-

---

[64] vgl. Öhner, Vrääth; Ries, Marc: Bildbau. In: Weihsmann, Helmut: Cinetecture: Film, Architektur, Moderne. Wien: PVS 1995, S. 7-51.

[65] vgl. Deleuze, Gilles: Bildfeld und Einstellung, Kadrierung und Szenenaufgliederung. In: ders.: Das Bewegungs-Bild. Frankfurt am Main: Suhrkamp, 1997, S. 27-48.

des[66]. Sie exemplifizieren den Gesamtraum des Gebäudes, verweisen auf ihn und sind zugleich selbst eigenständige Räume. Beide Entitäten sind aber ständig präsent.

Umso erstaunlicher scheint die Feststellung, dass die beiden Autoren dezidiert die These vertreten, Architektur schaffe – sowohl in der Realität als auch im Film – keinen Raum, sondern zerstöre ihn[67]. Durch ihre vielen geometrischen Einschnitte und die Verdeckung der in die Tiefe führenden Elemente zerklüftet Architektur den Raum und grenzt sich explizit von ihm ab. Dadurch wiederum wird Raum erst wahrnehmbar und definierbar. Gebäude sind keine Raum-, sondern vielmehr Ortsbestimmungen. Räumlichkeit ergibt sich nicht durch Wände oder sonstige architektonische Elemente, sondern durch die Leere dazwischen. Dieser Gesichtspunkt greift eine logische, definitorische Bedingung des Raums auf, demzufolge Raum drei Dimensionen einnimmt und ein Volumen bildet. Auch wenn kein Gegenstand oder Körper dieses Volumen ausfüllt, so ist doch zumindest Luft vorhanden, die sich in diesem Volumen auszubreiten vermag. Aus Öhners und Ries' Ausführungen folgernd, schließen ihre Erklärungen an Aristoteles' Raumdefinition[68] an. Diese geht davon aus, dass sich der *Raum* (griech. *Chôra, χώρα*) aus der Summe vieler *Orte* (griech. *Topos, τόπος*) bildet, die willkürlich miteinander verbunden sein können. Der Ort wiederum konstituiert sich nach aristotelischer Vorstellung als eine Art Schlauch oder Gefäß, das von einem Körper ausgefüllt wird und sein Volumen diesem Körper anpasst. Entgegengesetzt zum Verständnis des deutschen Wortes *Ort* weist das griechische Wort *Topos* also auf die Räumlichkeit eines Ortes hin. Der dritte räumliche Modus – die *Leere* (griech. *Kenón, κενόν*) – existiert nicht, da selbst ein Ort oder Raum, in dem sich kein Körper befindet, zumindest mit Luft gefüllt ist[69].

Wenn Gebäude also nach Meinung der Autoren nur Ortsbestimmungen bilden, die sie vom Raum eindeutig unterscheiden, wird auch die Existenz des filmischen Raums durch Abbildung von Architektur anzweifelbar. Öhner und Ries zufolge dürfte Architektur nur filmische Orte, nicht aber filmischen Raum zeigen. Architektur im Film

---

[66] vgl. Öhner, Vrääth; Ries, Marc: Bildbau. In: Weihsmann, Helmut: Cinetecture: Film, Architektur, Moderne. Wien : PVS Verleger, 1995, S. 26 ff.

[67] vgl. ebd., S. 28 f.

[68] vgl. Aristoteles: Aristoteles Physik: Vorlesung über Natur: Griechisch – Deutsch. Hrsg. von Hans Günter Zekl, Bücher I - IV, 1987, Buch IV: S. 149-237.

[69] Eine genaue Auseinandersetzung zum Verhältnis von Architektur und aristotelischer Raumtheorie hat Toni Bernhart unternommen (vgl. Bernhart, Toni: Reine Schöpfung der menschlichen Phantasie – Überlegungen anhand der Theorie des Raums. In: Geiger, Annette (Hrsg.): Imaginäre Architekturen: Raum und Stadt als Vorstellung. Berlin: Reimer 2006, S. 249-263.).

präsentiert sich dem Zuschauer lediglich als eine „Praxis der Grenzziehung“[70], der filmische Raum entsteht durch das Volumen, das sich zwischen den baulichen Elementen befindet. Öhner und Ries definieren dementsprechend den Raum wie folgt: „Eine Leere, eine Lücke zwischen den Dingen, etwas, das sich unserer verortenden Aufmerksamkeit ständig entzieht und trotzdem nicht nichts ist, das ist der Raum.“[71]

Die Autoren machen durch ihre Ausführungen auf einen Punkt aufmerksam, der logisch erscheint, in den theoretischen Betrachtungen zu Architektur und filmischem Raum aber häufig ignoriert wird: Gerade all das, was nicht Architektur ist, ist Raum. Häufig werden Architektur und Raum gleichgesetzt. Dabei beschreibt Architektur die Grenze zwischen Räumen. Sie ist gleichzeitig Gegensatz und Bedingung für (filmischen) Raum. In diesem Sinne schafft Architektur durch die Begrenzung des Raums eine Neugliederung und Aufteilung desselben.

3.3 Die Rolle der filmischen Figur

Richard Sylbert hat es sehr treffend ausgedrückt, als er in der Zeitschrift *American Film* schrieb:

> *Acting is the only real architecture in a movie; that's what you are protecting all the time. You are making sure that nothing, absolutely nothing is interfering with the scene.*[72]

Richard Sylbert, der als Art Director für klassische wie auch zeitgenössische Hollywood-Filme tätig war, macht die enorme Bedeutung der filmischen Figur und der durch sie getragenen Narration für den filmischen Raum deutlich. Die Figur als Inbegriff der Leiblichkeit und Träger der Handlung steht bei der Gestaltung eines narrativen Films über allen anderen Kategorien, an ihr orientieren sich alle anderen Elemente. Auch wenn er sich dabei wie viele Filmtheoretiker wieder auf den narrativen Raum bezieht, trifft seine Aussage zugleich den Kern der Raumtiefen-Problematik. In der filmischen Figur findet sich die Schnittstelle zwischen beiden Raumkonzepten,

[70] Vrääth Öhner, Marc Ries: Bildbau, in: Helmut Weihsmann: Cinetecture : Film, Architektur, Moderne. Wien : PVS Verleger, 1995, S. 29.
[71] ebd.
[72] Sylbert, Richard: Dialogue on Film. In: American Film (Dezember 1985), S. 16; zitiert nach Midding, Gerhard: Richard Sylbert: Production Design als Metapher. In: Alfred Messerli [u.a.]: Ausstattung. Basel [u.a.]: Stroemfeld/Roter Stern 1994, S. , S. 76.

hier sind beide einhellig miteinander verbunden, denn die Figur ist sowohl Konstrukteur der Narration als auch Element der räumlichen Inszenierung.

Die filmische Figur ist in dreierlei Hinsicht ein zentrales Element für die Konstruktion eines dreidimensionalen Raumeindrucks: Sie dient zunächst als Vergleichspunkt für den Zuschauer mit anderen filmischen Elementen. Im Grunde wird Raum erst durch die sich in ihm bewegenden Körper konstruiert, die als Bezugspunkt dienen. Die Zuordnung einer verhältnismäßigen Größe und der Vergleich zu anderen gezeigten Objekten tragen, wie bereits erläutert, zur Konstruktion eines räumlichen Eindrucks bei.

Zweitens ist die filmische Figur der in einem Raum handelnde Akteur. Die Beobachtung ihrer Handlungs- und Bewegungsabläufe durch den Zuschauer, das Gehen durch ein Zimmer, ein Gebäude oder schlicht eine Landschaft, verhilft dem Betrachter, die Strukturen des Raums an einem in diesem Raum befindlichen Menschen nachzuvollziehen. Wir beobachten ihn dabei, wie er von einem Raum in den nächsten geht, aus einem Gebäude hinaus oder in eines hinein, gelegentlich verschwindet er hinter dicken Wänden und Türen und taucht wieder auf. Sein Körper ist verdeckt und weist damit auf die Existenz mehrerer räumlicher Ebenen hin. Es ist die Figur, die durch ihre Handlung diese Ebenen durchbricht und ihre in die Tiefe führende Schichtung demonstriert. Nicht nur in einem Raum zu leben, sondern den Raum zu erleben, dieses Moment greift auch Otto Friedrich Bollnow auf[73]. Er begreift Räumlichkeit als eine Wesensbestimmung des menschlichen Daseins. Der Raum, der als etwas Feststehendes autonom existiert, wird erst durch menschliche Wahrnehmung und Bewegung, durch dessen Relationierung, räumlich. Bollnow prägt in seinen Ausführungen den Terminus des „erlebten Raums"[74]. Mit diesem Begriff reduziert er den Mensch nicht auf seine Rolle als Zuschauer, für den der Raum lediglich auf seine geometrischen Beziehungen beschränkt ist und der sich außerhalb des Raums befindet. Bollnow konstituiert den Zuschauer als im Raum befindlich[75]. Mit *Raum konstruieren* meint Bollnow also *Raum erleben* und deutet damit auf den Zusammenhang zum narrativen Raum hin, in dem sich eine Handlung vollzieht. Der Mensch und seine Handlung ziehen den Bogen zwischen Raumtiefe und erzähltem Raum. Die Überwindung der reinen Zuschauerperspektive ist charakteristisch für das klassische Hollywood-

---

[73] vgl. Bollnow, Otto Friedrich: Mensch und Raum. Stuttgart (u.a.): Kohlhammer 2000, S. 18 ff.
[74] ebd., S. 18.
[75] vgl. ebd., S. 19.

Kino. Hier beispielsweise arbeitet der Film darauf hin, dass der Zuschauer zumindest imaginär den gezeigten Raum erleben kann und sich geistig in ihm befindet, womit wir zum dritten Punkt gelangen, der die filmische Figur für die Konstruktion von Raumtiefe unersetzbar macht.

Der dritte Punkt betrifft die psychologische Identifikation des Zuschauers mit dem Protagonisten. Die im amerikanischen Kino angelegte Tendenz zum Immersionskino hat bekanntlich zahlreiche Mittel angewendet, um den Zuschauer in die Situation des Protagonisten zu versetzen[76]. Führt man diesen Aspekt mit den bereits betrachteten Bedingungen für die kognitive Entstehung eines Raumeindrucks zusammen, so wird eines deutlich: Die Identifikation mit dem Protagonisten führt zur imaginativen Übernahme seiner Position. Damit sind einige Möglichkeiten seiner Raumwahrnehmung verbunden. Es sei an dieser Stelle ausdrücklich darauf hingewiesen, dass eine Identifikation ohne filmtechnische Mittel – die filmischen Konventionen zur Erzeugung von Transparenz und Kontinuität – unmöglich wäre. Die Figur im Film erschließt stellvertretend für den Zuschauer den filmischen Raum, der für die Figur selbst ein realer ist, und unterzieht ihn einer ständigen Aktualisierung. Wir bewegen uns mit der Figur in diesem Raum, nehmen ihn aufgrund der Montage seriell wahr und verarbeiten ihn in ähnlicher Weise kognitiv. Die über die Kamera vermittelte Wahrnehmung des Raums durch den Protagonisten wird für den Zuschauer zu einer repräsentativen, aber dennoch realen Empfindung. Auch Doris Agotai weist in diesem Zusammenhang auf die Bedeutung von Bewegung hin[77]: Wenn die Erzeugung von Raum immer an Bewegung gebunden ist, so sei es die Aufgabe des filmischen Akteurs, sich innerhalb eines virtuellen Raumzustandes zu bewegen, den Zuschauer mitzunehmen auf diesen Weg und dadurch den Handlungsraum unaufhörlich zu aktualisieren. Der Gehende, so könnte man die Rolle der filmischen Figur hier abstrahieren, ist zentral, um den Raum mit dem bewegten filmischen Bild zusammenzuführen. Es ist nicht nur so, dass man seine Bewegung als Innen- wie auch Außenstehender nachvollzieht. Zudem vollzieht sich durch sie das Spiel von An- und Abwesenheit, indem der Gehende aus unterschiedlichen Möglichkeiten auswählt, ei-

[76] Zu diesen Mitteln zählt unter anderem die Konstitution des Zuschauers als allwissend, die emotionale Einbeziehung des Zuschauers, das narrative in den Mittelpunkt stellen einer Person und ihrer (überwiegend positiven) Eigenschaften, ihrer Handlungsmotivation und ihrer Ziele, um Empathie beim Zuschauer zu bewirken.

[77] vgl. Agotai, Doris: Architekturen in Zelluloid: Der filmische Blick auf den Raum, S. 43 ff.

nen Raum zu durchqueren. Er transformiert ihn dabei jeweils von einem virtuellen, abwesenden in einen aktuellen, anwesenden Raum.

Agotais Vorstellungen lehnen an Michel de Certeaus Konzept des Gehens in der Stadt an[78]. Im dritten Teil seines Buches *Kunst des Handelns* beschreibt der französische Soziologe Praktiken im Raum, wovon er eine als ebenjenes Gehen in der Stadt versteht. De Certeau betrachtet das Gehen auf der semiotischen Ebene. Dadurch gelingt es ihm, die Stadt mit einem Text zu vergleichen. Während das Betrachten einer Stadt aus der Ferne diese zwar lesbar mache, aber dennoch durch seine Unvollständigkeit ein visuelles „Trugbild“[79] ist, wird sie de Certeau zufolge mit Hilfe ihres Durchgehens räumlich wirklich erlebbar. Das Durchschreiten von Orten verbindet diese und konstruiert somit Räume. In Anlehnung an Merleau Ponty[80] differenziert de Certeau einen „geometrischen“ von einem „anthropologischen“[81] Raum, der wiederum mit dem Handlungsraum identisch sei. Die Funktion des Gehens bestehe in der Aneignung räumlicher Gegebenheiten (vergleichbar mit der Aneignung von Sprache), der räumlichen Realisierung des Ortes (der Sprechakt selbst) sowie in der Herstellung von Beziehungen zwischen Positionen, die durch Bewegung entstehen (auf semiotischer Ebene als eine Form der Kommunikation zu sehen). Zwar betrachtet der Autor das Gehen selbst als immateriell[82], er bezieht seine Ausführungen allerdings nicht auf den Film. Dieser kann das Gehen als Vorgang der Raumkonstruktion selbst zeigen. Zurückgeführt auf die semiotische Ebene versteht de Certeau also das Gehen als „Raum der Äußerung“[83], der durch die Art und Weise des Gehens eine Art Choreografie annimmt, eine „Rhetorik des Gehens“[84], die bereits durch die Auswahl von Orten und deren Gebrauch erzeugt wird.

Während Michel de Certeau seine Ausführungen nicht explizit auf den Film bezieht, übernimmt Giuliana Bruno in ihrem Aufsatz *Architektur und das bewegte Bild*[85] genau dies. Brunos These lautet, dass Raumverständnis – und das gilt für den

[78] vgl. de Certeau, Michel: Die Kunst des Handelns. Berlin: Merve-Verlag 1988.
[79] ebd., S. 181.
[80] vgl. Merleau-Ponty, Maurice: Phänomenologie der Wahrnehmung. Berlin: de Gruyter 1966.
[81] de Certeau, Michel: Die Kunst des Handelns. Berlin: Merve-Verlag 1988, S. 182.
[82] Im Sand ist zum Beispiel nur die Spur eines Fußabdruckes sichtbar, der Schritt an sich hat keinen Materialisierungspunkt.
[83] de Certeau, Michel: Die Kunst des Handelns. Berlin: Merve-Verlag 1988, S. 189.
[84] ebd., S. 191.
[85] Bruno, Giuliana: Architektur und das bewegte Bild. In: Eue, Ralph; Jatho, Gabriele (Hrsg.): Schauplätze, Drehorte, Spielräume: Production Design + Film. Berlin: Bertz + Fischer 2005, S. 113-128.

realen wie für den filmischen Raum – von Berührung und Bewegung abhänge. Die Autorin entwickelt in ihrer theoretischen Auseinandersetzung ein Konzept des Flanierens und vergleicht das Phänomen mit der Bewegung im Film, die dem Medium inhärent ist. Zugleich ist Bewegung der Autorin zufolge nicht nur eine dem Film zuschreibbare Eigenschaft, sondern auch das entscheidende Merkmal moderner Architektur:

> *Indem sie [die moderne Architektur, Anmerkung S.H.] die Beziehung zwischen räumlicher Wahrnehmung und körperlicher Bewegung veränderte, bereitete diese neue Architektur der Passagen und Reisen den Boden für die Erfindung des bewegten Bildes, das zum Inbegriff der Moderne werden sollte.*[86]

Bruno stellt damit moderne Architektur und den Film in einen kausalen Zusammenhang und sieht eine direkte Parallele zwischen dem Flanieren in der Stadt und dem Sehen eines Films:

> *Weil das Bummeln und Schlendern dem Kino von Anbeginn an eingeschrieben war, wurde das Sehen von Filmen zu einer imaginären Form des Flanierens [...].*[87]

Einen weiteren Zusammenhang erkennt die Autorin schließlich in der Bewegung der Figuren im Film selbst. Ein Aspekt des bewegten Bildes ist zum Beispiel das Bewohnen und Durchschreiten von Räumen. Damit verbunden sind die Raumwirkung des Bildes und die spezifische Beeinflussung der räumlichen Wahrnehmung, die in der Theorie bisher vernachlässigt wurde. Als eine der wenigen Filmwissenschaftler ist es Giuliana Bruno damit gelungen, das Konzept des Flanierens auf die Raumwirkung im Film zu beziehen. Das Durchgehen und Benutzen von Räumen erzeugt einen räumlichen Eindruck für den Zuschauer. Betont man wie Bruno die psychoanalytische Perspektive, bei der die Lust am Filmschauen aus der Lust des heimlichen Beobachtens resultiert, ist der Zuschauer aufgrund des Gehens kein Voyeur mehr, sondern nach Meinung der Autorin ein „Voyageur“[88].

Bezieht man die Ausführungen dieses Kapitels auf den Film, so wird deutlich, dass die Bewegung des Menschen, sein Gehen und Handeln, filmischen Raum erzeugt, und ihn durch eine bestimmte Art und Weise der Bewegung gestaltet. Der

---

[86] ebd. S. 113.
[87] ebd.
[88] ebd.

menschliche Körper und sein performativer Akt sind die eigentlichen Akteure der Raumkonstruktion. Entgegen der aristotelischen Raumtheorie ist Raum ohne den Menschen nicht existent, er materialisiert sich erst durch die Anwesenheit von Personen, die dessen Referenzpunkt bilden, indem sie in ihm sind und in ihm handeln.

3.4 Der Beitrag der Kamera

Im Film abgebildete Architektur übernimmt die zahlreichen Raum organisierenden Funktionsweisen, die verbunden mit den kinematografischen Mitteln einen neuen Raumeindruck vermitteln. Die Erzeugung eines räumlichen Eindrucks ist eben deshalb nicht nur von der abgebildeten Architektur abhängig, sondern insbesondere auch von der Art und Weise der Abbildung, die sich beispielsweise aus der Kameraperspektive oder deren Bewegung ergibt. Eine Mauer kann flach wirken, wenn sie frontal aufgenommen wird, aber stark in die Tiefe gehen, wenn die Kamera einen bestimmten Winkel zu ihr einnimmt und die Mauer durch ihre in die Tiefe führenden Fluchtlinien perspektivisch immer kleiner wird. Architektur und deren räumlicher Eindruck im Film sind daher unmittelbar abhängig von dem Verhalten der Kamera.

Die Kamerabewegung bestimmt beispielsweise, wie sich der Status eines Gebäudes verändert. Entfernt sich die Kamera von einem Haus, rückt es auch in narrativer Hinsicht in den Hintergrund. Das formale Zurücktreten kann Architektur von einem anwesenden Handlungsort in ein Hintergrundelement ohne narrative Funktion verwandeln. Während horizontale Schwenks die Breite des Raums erfassen, machen vertikale Schwenks Höhe und Tiefe eines Gebäudes fassbar. Kamerafahrten vorwärts und rückwärts verändern zudem Ausschnitt und Größe der Abbildung. Es ist die Fahrt der Kamera nach vorn, die die Tiefe eines Raums für den Zuschauer am intensivsten erfahrbar macht. Sie erzeugt die stärkste physiologische Raumillusion. Aufgrund der Standortverlagerung der Kamera erhält der Betrachter des Films den Eindruck, den Raum selbst zu durchschreiten. Die Kamera suggeriert dem Zuschauer eine Eigenbewegung. Fahrten zurück öffnen den Raum, führen den Zuschauer imaginär aus diesem heraus.

Neben der Kamerabewegung beeinflusst auch die Kameraperspektive den räumlichen Eindruck, den Architektur im Film beim Zuschauer hinterlässt. Unter- und Aufsicht sind dabei nur zwei von zahlreichen Möglichkeiten, die hier zu nennen sind.

Der Blick vom Boden aus nach oben hin zur Spitze des Daches eines Gebäudes erzeugt eine starke Untersicht. Sie lässt ein Haus oder andere architektonische Bauwerke höher wirken als eine Normalansicht. Die Aufsicht dreht diesen Effekt um. Ein anderer Aspekt der Kameraperspektive liegt in der Frage, welche Position sie in Bezug zu den filmischen Protagonisten einnimmt. Der sogenannte *Point-of-view-shot*, bei dem die Perspektive der Hauptfigur eingenommen wird, erzeugt einen Blick des Zuschauers auf den filmischen Raum, wie ihn auch die Hauptfigur hat. Je nachdem, wie diese Figur ein Gebäude ansieht, durchschreitet und wahrnimmt, beeinflusst dies auch den räumlichen Eindruck, den der Zuschauer von dem entsprechenden Gebäude erhält. Stellvertretend erlebt die Figur den architektonischen Raum im Film, was erst durch die identifizierende Position der Kamera möglich wird.

Auch David Bordwell beschreibt in seinem Aufsatz *Modelle der Rauminszenierung im zeitgenössischen europäischen Kino*, inwiefern die Kamera die Erzeugung von Raumtiefe beeinflusst. Er stellt zwei wesentliche Faktoren heraus, mit denen Raum unterschiedlich inszeniert werden kann. Es handelt sich dabei um die Position der Kamera, die eben schon erwähnt wurde. Bordwell beschreibt allerdings nicht den Identifikationsgrad des Zuschauers mit dem Protagonisten, der sich durch die Kameraperspektive ergibt, sondern die formale Position der Kamera zur Hintergrundfläche des Filmbildes. Eine frontal beziehungsweise parallel zu dieser Ebene positionierte Kamera erzeugt „planimetrisch[e]“[89] Bildkompositionen mit einem flachen Raumeindruck. Demgegenüber steht die „rezessiv[e] Kompositio[n]“[90], die Fluchtlinien zeigt und perspektivisch den Raum konstruiert. Sie bewirkt einen stärkeren Raumtiefeneffekt. Je nachdem, in welcher Position sich die Kamera zu den Elementen eines Gebäudes befindet, kann sie also flache oder tiefe filmische Räume konstruieren. Der zweite Aspekt der Kamera, der den filmischen Raumeindruck mitbestimmt, ist die Brennweite des Objektivs, die eine unterschiedlich starke Schärfentiefe bewirkt. Je kürzer die Brennweite, umso stärker der Schärfentiefe-Effekt. Bordwell beschreibt diesbezüglich auch die übliche Verwendungsweise von Objektiven[91]. Während Teleobjektive, die eine schwache Schärfentiefe hervorrufen, vorzugsweise für Außenaufnahmen an Originalschauplätzen eingesetzt werden, verwendet man Weitwinkel-Objektive mit einer sehr starken Schärfentiefe eher für Aufnahmen in Innenräumen.

[89] Bordwell, David: Modelle der Rauminszenierung im zeitgenössischen europäischen Kino, S. 20.
[90] ebd.
[91] vgl. ebd., S. 27.

3.5 Zwischenfazit

Das Kapitel zur Realarchitektur hat zunächst die Beziehung zwischen dieser Form der Architektur und der Konstruktion eines räumlichen Eindrucks im Film untersucht. Dabei wurden zwei theoretische Positionen hervorgehoben, die für die spätere Analyse wichtig sind und Berücksichtigung finden müssen. Zudem wurden die Rolle der Protagonisten und die Funktion der Kamera für die filmische Räumlichkeit untersucht.

Doris Agotai, die die Position vertritt, Architektur schaffe Raum, untersucht die Räumlichkeit generierenden Elemente von Architektur, indem sie diese mit Aspekten des Films vergleicht. Die Gegenüberstellung von Kadrierung und Öffnungen eines Gebäudes, von Montage und sequenzieller Raumwahrnehmung beim Gehen eines Menschen durch architektonische Räume und der Vergleich der Erzählperspektive mit narrativen Strukturen der Architektur haben gezeigt, dass es nachvollziehbare Parallelen bezüglich der Raumkonstruktion bei Film und Architektur gibt. Mit Hilfe des transdisziplinären Ansatzes von Doris Agotai wurde die Frage gestellt, ob es bei der filmischen Dokumentation von Realarchitektur zu einer Doppelung des filmischen Raumeindrucks kommt oder welche sonstigen Effekte abgefilmte Architektur erzeugt. Es stellte sich im Laufe der Betrachtungen heraus, dass eine bloße Formulierung von Begriffspaaren noch keine Doppelung des filmischen Raums bedeutet, da die Raumwirkungen sich durchaus unterscheiden. Durch die Verbindung von Architektur und Film ergibt sich nicht zwingend eine Doppelung des Raumeindrucks, sondern vielmehr eine gegenseitige Kompensation und Ergänzung. Agotai zeigt anhand ihrer Analyse, inwiefern architektonische Elemente den filmischen Raum erweitern können und ist demzufolge der Position zuzuordnen, die der Architektur eine Raum konstruierende Wirkung zuschreibt.

Eine andere Position besteht in der Annahme, Architektur zerstöre den Raum. Vrääth Öhner und Marc Ries vertreten diese These und argumentieren in erster Linie mit definitorischen Kategorien von Raum. Auch sie gehen von einer Vergleichbarkeit filmischer und architektonischer Elemente aus, nennen sogar die gleichen wie Doris Agotai. Hingegen definieren sie Gebäude nicht als Raum-, sondern Ortsbestimmungen. Sie schneiden sich als eine Art Grenze in den filmischen Raum ein und untergliedern diesen. Raum ist demnach das Volumen zwischen der Architektur, also ihr expliziter Gegensatz. Beide bedingen sich gegenseitig, wobei Architektur den filmischen Raum für den Zuschauer erst erfassbar werden lässt. Damit bedeutet die Zerstörung zugleich auch eine Schaffung des Raums. Die beiden Positionen sind also gar nicht so konträr, wie man auf den ersten Blick annehmen möchte.

Neben der Gegenüberstellung filmischer und architektonischer Begrifflichkeiten, die zur Raumkonstruktion beitragen, betont Doris Agotai in ihrer Argumentation die Bedeutung des wahrnehmenden Subjekts als Raum konstruierende Instanz. Das dritte Unterkapitel hat sich folglich mit der Rolle der filmischen Figur beschäftigt. Agotais Argumentation bezieht sich auf das Konzept des Gehens in der Stadt von Michel de Certeau. Dieses setzt sich mit den Funktionen des Gehens in Bezug auf Raumkonstruktion auseinander und deklariert den menschlichen Körper und seinen performativen Akt zu den primären Akteuren der Raumkonstruktion.

Richard Sylbert thematisiert die Bedeutung der filmischen Figur für die Narration und macht zugleich auf den Verbindungspunkt zwischen narrativem Raum und dreidimensionalem Raumeindruck aufmerksam. Er findet sich in den Protagonisten selbst. Indem sie handeln und sich bewegen, formen sie einen dreidimensionalen Raum, füllen ihn durch ihre Körperlichkeit aus und inszenieren ihn. Die Rolle der filmischen Figur für die Konstruktion eines räumlichen Eindrucks besteht dabei in drei Funktionen: In Bezug auf ihre relative Größe dienen sie als Vergleichsobjekt mit anderen Objekten im Film. Sie erlauben dem Zuschauer, die Raumstrukturen des Films nachzuvollziehen, indem sie die Protagonisten bei ihren Handlungen im Raum beobachten. Filmische Figuren nehmen stellvertretend für den Zuschauer den filmischen Raum als einen tatsächlichen Raum wahr, wenn die psychologische Identifikation des Zuschauers mit dem Protagonisten gewährleistet ist. Die menschliche Existenz wurde bereits von Otto Friedrich Bollnow als Voraussetzung für Räumlichkeit proklamiert, der in diesem Zusammenhang den Begriff des „erlebten Raums“[92] prägt. Neben der filmischen Figur tragen auch kameratechnische Aspekte zur Formung des räumlichen Eindrucks bei und wurden aus diesem Grund in Kapitel 3.4 erläutert. Dabei konnten als wesentliche Faktoren die Perspektive, Bewegung und Position der Kamera sowie die Brennweite des verwendeten Objektivs herausgestellt und umfassender beschrieben werden.

[92] Bollnow, Otto Friedrich: Mensch und Raum. Stuttgart (u.a.): Kohlhammer 2000, S. 18.

4 Filmarchitektur als Gegenkonzept zur Realarchitektur

Was Filmarchitektur ist und was sie von realer Architektur unterscheidet, das führen uns Gene Kelly und Donald O'Connor als Dan und Cosmo in *Singin' in the Rain*[93] vor. Im Verlauf der Filmhandlung wandern sie durch die Kulissen des fiktiven Studios Monumental Pictures und demonstrieren, was die Trickwerkstatt Hollywoods zu bieten hat[94]. Am Set eines Urwalds schlendert Dan vorbei zu den Tribünen eines Footballspiels und einem stehenden Zug, hinter dem eine vorbeifahrende Landschaft auf eine Leinwand projiziert wird. Danach offenbart Cosmo mit seinem Auftritt die Illusionskraft von Kulissenarchitektur: Türen führen direkt vor eine gemauerte Wand (vgl. Abb. 13).

Abb. 13: Donen, Stanley; Kelly, Gene: *Singin' in the Rain*, USA 1952, 00:27:31

Eine endlos lang erscheinende Halle ist nur gemalte Attrappe und wird von Cosmo als Hilfsmittel für einen Salto genutzt (vgl. Abb. 14 und 15).

---

[93] Donen, Stanley; Kelly, Gene: *Singin' in the Rain* (*Du sollst mein Glücksstern sein*), USA 1952.
[94] ebd., 00:24:30-00:29:26.

Abb. 14: Donen, Stanley; Kelly, Gene: *Singin' in the Rain*, USA 1952, 00:27:51

Abb. 15: Donen, Stanley; Kelly, Gene: *Singin' in the Rain*, USA 1952, 00:29:21

Von vielen Filmtheoretikern wird ignoriert, dass bereits seit Beginn der Filmgeschichte eine Dichotomie zwischen Real- und Filmarchitektur existiert. Einige Aufsätze berichten über den Einsatz von Architektur im Film und beschreiben dabei Miniaturbauten oder Kulissen, ohne sie explizit von realen Gebäuden abzugrenzen[95]. Dabei sollte grundsätzlich unterschieden werden, ob die im Film abgebildeten Ge-

[95] Während Helmut Weihsmann beispielsweise explizit keinen Unterschied macht zwischen Real- und Filmarchitektur (vgl. Weihsmann, Helmut: Gebaute Illusionen: Architektur im Film. Wien: Promedia 1988.), sucht man bei Gertrud Koch (vgl. Koch, Getrud (Hrsg.): Umwidmungen: architektonische und kinematographische Räume. Berlin: Vorwerk 8 2005.) und Dietrich Neumann (vgl. Neumann, Dietrich (Hrsg.): Filmarchitektur: Von Metropolis bis Blade Runner. München [u.a.]: Prestel 1996) nach Hinweisen auf das Bewusstsein über die Ungleichheit zwischen realen Bauten und Kulissen vergeblich.

bäude echte Gebäude sind, die unabhängig vom Film in der Wirklichkeit existieren oder ob der Regisseur beispielsweise mit Kulissen, gemalten Gebäuden, Miniaturen oder vielen anderen Tricks arbeitet, um Architektur darzustellen. Innerhalb der filmischen Theorie und Praxis haben sich Begriffe wie Filmarchitektur, Kulissenarchitektur oder allgemein das Dekor als Bezeichnungen für alle Formen der künstlichen, ausschließlich für den Film konstruierten Architektur etabliert. Sie unterscheiden sich von der realen Architektur – Patrick Keiller bezeichnet sie als „found architecture"[96], gefundene Architektur – nicht nur in der Art und Weise ihrer Herstellung, sondern auch in ihrem Einfluss auf andere filmische Praktiken, wie Kamerabewegung und -standpunkt und in den visuellen Wirkungen, die sie erzielen. Der Einsatz von Kulissen, Modellen, Dekor und Spezialeffekten findet sich bereits bei dem Filmpionier George Méliès und ist bis heute ein bedeutender Bestandteil der filmischen Inszenierung. Filmarchitektur wird nicht nur aus praktischen und ökonomischen Gründen genutzt, sondern dient auch der Realisierung architektonischer Utopien wie visionärer Handlungsräume und entwirft parallele oder futuristische Welten.

Zugleich handelt es sich um eine Architektur des Trompe l'œil, eine Form, die sich von der realen Architektur in einigen Punkten differenziert. Diese herauszustellen, wird die Aufgabe des vorliegenden Kapitels sein. Der Leser soll hier für einen Unterschied sensibilisiert werden, der bisher kaum Beachtung fand. Darauffolgend wird analytisch untersucht werden, welche spezifische Praxis künstliche und reale Architekturen jeweils entwickeln, um den Zuschauer in die Imagination von Räumlichkeit zu führen.

Das Kapitel wird im Folgenden vier grundlegende Unterschiede zwischen Real- und Filmarchitektur herausarbeiten und diese näher untersuchen. Bezüglich ihres Herstellungsprozesses und der Beständigkeit ihrer Existenz besteht eine erste Differenz, weshalb sich das erste Unterkapitel mit der Filmarchitektur als Augenblicksarchitektur im Vergleich zur dauerhaften Realarchitektur auseinandersetzen wird.

Das zweite Unterkapitel beschäftigt sich mit Film- und Realarchitektur als mediale Repräsentationen. Beide schrumpfen im Medium Film zu zweidimensionalen Abbildungen. Während gefundene Realarchitektur jedoch prinzipiell dreidimensional

[96] Keiller, Patrick: Architectural cinematography. In: Rattenbury, Kester: This is not architecture: Media constructions. London [u.a.]: Routledge 2002, S. 38.

ist, muss das bei der Filmarchitektur nicht so sein. Als Matte Paintings[97] sind sie beispielsweise bereits flächig, bevor sie durch die filmische Abbildung auf eine Zweidimensionalität reduziert werden können. Wie genau sich Film- und Realarchitektur im Film als mediale Repräsentationen darbieten und was die *falsche* von der *tatsächlichen* Architektur unterscheidet, wird im zweiten Unterkapitel diskutiert werden.

Das dritte beschäftigt sich schließlich mit den unterschiedlichen Entitäten, die Film- im Vergleich zu Realarchitektur annehmen kann. Filmarchitektur lässt sich keiner eindeutigen künstlerischen Gattung zuweisen. Man kann sie genau genommen nicht Architektur nennen, sondern eher ein Bild oder eine Plastik. Filmarchitektur als Bild, als Film, Relief und Plastik wird deshalb das Thema des dritten Unterkapitels.

Aus der Frage nach den unterschiedlichen Entitäten von Filmarchitektur ergibt sich auch die Fragestellung, wie denn der filmische Protagonist in und mit Filmarchitektur interagieren kann. Was für die Realarchitektur in den vergangenen Ausführungen diskutiert wurde, soll im vierten Unterkapitel vergleichend auf die Filmarchitektur übertragen werden, unter besonderer Berücksichtigung, dass die Protagonisten Miniaturen, gemalte Kulissen oder auch andere Formen des Dekors nicht immer begehen, geschweige denn benutzen können. Es tut sich eine Art Schichtung der filmräumlichen Ebenen auf. Sie bewirkt, dass sich beispielsweise ein Gebäude nicht im selben filmischen Raum befindet wie der Schauspieler. Damit wird zugleich ein Versuch unternommen, die Rolle der filmischen Figur bei der Raumkonstruktion in Kulissen zu beschreiben und dies im späteren Teil der Studie analytisch zu vertiefen.

4.1 Filmarchitektur als Augenblicksarchitektur

Helmut Weihsmann beschreibt Architektur im Film als Bauten ohne Beständigkeit:

> *Filmbauten sind Augenblicksarchitekturen: nicht einmal theoretisch sind sie als materialgerechte Repliken in situ oder als Rekonstruktion verwendbar: Wegwerf-Architekturen.*[98]

Was er dabei andeutet, beschreibt einige Merkmale der Filmarchitektur und grenzt sie von realer Architektur ab. Bei der Konstruktion von Kulissen und ähnlichen Gebäu-

[97] Bei dem Matte Painting handelt es sich um eine Technik der Kulissenmalerei, bei der die Kulisse wie eine Art Maske auf eine Glasscheibe aufgemalt und abgefilmt wird. Heutzutage entstehen fast alle Matte Paintings digital am Computer.

[98] Weihsmann, Helmut: Gebaute Illusionen: Architektur im Film. Wien: Promedia 1988., S. 19.

deattrappen greift man in der Regel nicht auf die Verwendung von Beton oder Stein zurück, wie es bei tatsächlichen Gebäuden der Fall ist. Aus rein praktischen Gründen bedient man sich leichter zu verarbeitender Materialien wie Holz, Pappe oder Leinwand, um schneller und kostengünstiger zu arbeiten und die baulichen Elemente variabler einsetzen zu können[99]. Nach Beendigung der Dreharbeiten sind diese meist überflüssig: Sie werden mühselig errichtet, um sie in einer schnellen Produktion für die Dreharbeiten zu nutzen und sie danach noch schneller wieder abzureißen. Der Filmarchitekt Franz Schroedter beschreibt ihren ephemeren Charakter wie folgt:

> *Filmbauten sind kurzlebiger als alles andere auf dieser Welt. Wenige Szenen lang sind sie Mittelpunkt jedes Interesses [...]. Doch dann sind sie überflüssig, in Schutt und Asche werden sie gelegt und von der nervenaufreibenden Arbeit unzähliger Tage, die geleistet wurde [...], bleibt nichts übrig als ein armseliger Haufen Gerümpel, der auf den ersten besten Schuttplatz gebracht wird.*[100]

Es ergibt sich ein Paradoxon im Verhältnis von Real- und Filmarchitektur, weil der Zweck realer architektonischer Bauten im entgegengesetzten Extrem zu finden ist: Sie werden errichtet, um möglichst lang nutzbar zu sein. Beständige Materialien wie Beton, Stahl oder Ziegel werden eingesetzt, um die Wände und Dächer möglichst widerstandsfähig gegen Witterungseinflüsse zu machen. Häuser werden mit der Absicht konstruiert, mehrere Jahrhunderte zu existieren. Die Menschen sind bemüht um deren Restauration und Pflege. So werden einige Häuser sogar unter Denkmalschutz gestellt, um ihren historischen Wert zu schützen. Umso vergänglicher sind Bauten, die nur für den Film konstruiert werden. Der Aufwand für ihre Produktion ist dabei sehr unterschiedlich: Von winzigen Miniaturen bis hin zu kolossalen Monumentalbauten erstreckt sich eine enorme Variabilität. Ihre Zerstörung ist jedoch unabhängig davon immer das Schicksal der Bauwerke, denn nach einem Dreh muss das Studio sofort wieder für andere Dreharbeiten zur Verfügung stehen und die Kulissen stünden diesen im Weg. Man baut sie ab, um sie entweder zu entsorgen oder für spätere Projekte umgestaltet noch einmal zu verwenden. Der Höhepunkt dieses Phänomens findet sich im Studiosystem der klassischen Hollywoodära zwischen 1920 und der Mitte der

---

[99] vgl. Mandelbaum, Howard; Myers, Eric: Forties screen style: A celebration of high pastiche in Hollywood. Santa Monica: Hennessey & Ingalls 2000, S. 26 ff.

[100] Zitiert nach Weihsmann, Helmut: Gebaute Illusionen: Architektur im Film. Wien: Promedia 1988., S. 18f.

1950er Jahre[101]. Die filmische Ästhetik dieser Zeit ist besonders durch ökonomische und industrielle Gegebenheiten beeinflusst. Die Filmproduktion, die in Studios wie Paramount, Warner Bros. oder MGM stattfand, wandelte sich zur industriellen Massenproduktion, Filme wurden sprichwörtlich am Fließband hergestellt[102]. Diese Produktionsbedingungen erforderten natürlich spezifische Produktionsmechanismen, wie die Herausbildung von Genres oder die Verwendung von Kulissen, anstatt auf reale Architektur zurückzugreifen. Die Nutzung von Kulissenarchitektur in Studios machte die Aufnahmen unabhängig von Wetter, Tageszeiten, sogar von politischen Ereignissen wie Streiks und fast allen anderen Einflussfaktoren. Damit gestaltete sich die Filmproduktion um ein Vieles schneller, kostengünstiger und effizienter.

Für denjenigen, der für die Konstruktion ganzer Sets und der Filmarchitektur verantwortlich war, entwickelte sich ein eigener Berufszweig. Seit Cameron Menzies‘ bemerkenswerter Arbeit am Set von *Gone with the Wind* trägt dieser Beruf die Bezeichnung des *Production Designers* – im Deutschen ist es der *Bühnenbildner*[103]. Dieser Begriff hat sich im Nachhinein durchgesetzt. Insbesondere in der Stummfilmzeit war jedoch auch häufig von einem *Filmarchitekten* die Rede. Neben dem Production Designer, der für die Planung und Überwachung der Set-Gestaltung zuständig ist, gibt es den sogenannten *Art Director*, der mit der kreativen Umsetzung und dem Bau der Kulissen selbst beauftragt wird. Häufig handelt es sich dabei um Architekten, die reale Gebäude entwerfen und konstruieren. Natürlich liegen die Ursprünge der Tätigkeit des Filmarchitekten bereits in den Anfängen des Films beziehungsweise noch früher im Theater, denn die Aufgabe des Filmarchitekten entspricht der des Bühnenbildners im Theater. George Méliès zählt zu den ersten Filmarchitekten und bis in das Hollywood-Kino der 1930er Jahre gibt es eine lange Geschichte derjenigen, die Architektur eigens für den Film konstruierten. Europäische Entwicklungen unterscheiden sich dabei von amerikanischen und diese wiederum von Entwicklungen anderer Kontinente. Da sich diese Studie allerdings auf das amerikanische Er-

[101] Kristin Thompson beschreibt unter anderem, wie sich der narrative Raum des klassischen Hollywood-Kinos seit 1909 durch die Kulissenästhetik gestaltet (vgl. dazu Thompson, Kristin: Classical narrative space and the spectator's attention. In: Bordwell, David; Saiger, Janet; Thompson, Kristin: The Classiscal Hollywood Cinema. Film Style and Mode of Production to 1960. London: Routledge 1985, S. 214-230.).

[102] Thomas Schatz beschreibt ausführlich die Merkmale amerikanischer Filmproduktionen in der Studio-Ära (vgl. dazu Schatz, Thomas: The genius of the system: Hollywood filmmaking in the studio era. New York: Holt 1996.).

[103] vgl. Manthey, Dirk: Produktionsdesign: Vom Look zur Ausstattung. In: ders.: Making of ...: wie ein Film entsteht. Bd. 2. Reinbek bei Hamburg: Rowohlt 1999, S. 208.

zählkino beschränkt, soll an dieser Stelle nur diese Entwicklungslinie im Mittelpunkt stehen[104].

Filmarchitekten arbeiten noch heute eng zusammen mit Illustratoren, Bauzeichnern, Malern, Bildhauern, Modellbauern und Dekorateuren. So war es auch im klassischen Studiosystem. Damit sind also die an der Produktion von Filmarchitektur beteiligten Personen die gleichen oder zumindest haben sie eine ähnliche Ausbildung genossen wie Architekten für echte Bauwerke. Die Gebäude selbst unterscheiden sich jedoch im verwendeten Material, der Größe und besonders in ihrer unterschiedlichen Lebensdauer.

Ben Hur[105] ging als eine der größten Produktionen in die Filmgeschichte ein. Der Drehort des Mammutprojekts bestand aus insgesamt 300 Sets, darunter auch eines der weltweit größten bisher errichteten, in dem das alte Jerusalem im Studio Cinecittà in Rom nachgebaut wurde. Es nahm eine Fläche von über 129 Hektar ein und erstreckte sich zum Teil über sieben Stockwerke in die Höhe[106]. Planung und Bau des Sets begannen bereits zwei Jahre vor Drehbeginn. Es wurden ein künstlicher See und eine künstliche Insel errichtet, über neun Meter hohe Statuen konstruiert und über 450 Tonnen Gips für die Monumentalbauten benötigt. Die Arena für das große Wagenrennen erstreckte sich über sieben Hektar Studiofläche. In diesem Film hat William Wyler ohne Frage eine Kulissenlandschaft kreiert, die echten Gebäuden in ihrer Größe und Prunkhaftigkeit in nichts nachsteht.

Ähnlich imposant erscheint Alfred Hitchcocks Kulisse zum Film *Rear Window*[107]. Hitchcocks Tochter bezeichnet das Set als das faszinierendste von allen Filmen, die er bis dahin gedreht hatte[108]. Die Artdirektoren Mac Johnson und Henry Bumstead hatten es sich zum Ziel gemacht, einen gesamten Hinterhof für den Film

---

[104] Zu den Pionieren der Filmarchitektur gehören George Méliès, der große bemalte Leinwände benutzte, um surrealistische Mondlandschaften darzustellen, Walter Reimann und Hans Poelzig, die in den 1920er Jahren Filmbauten für den expressionistischen deutschen Stummfilm entwarfen (Reimann zum Beispiel für *Das Cabinet des Dr. Caligari*) und Otto Hunte, der für die Kulissen und Spiegeltricks im Film *Metropolis* weltberühmt wurde. Zu den bekanntesten Set-Designern des klassischen Hollywoods gelten Edward Carrere (*The Fountainhead*), Cedric Gibbons (*An American in Paris*) und William Cameron Menzies (*Gone with the Wind*) und viele andere mehr.

[105] Wyler, William: *Ben Hur*, USA 1959.

[106] vgl. Herman, Jan: A talent for trouble: the life of Hollywood's most acclaimed director, William Wyler. New York: Da Capo Press 1997, S. 393-410.

[107] Hitchcock, Alfred: *Rear Window* (*Das Fenster zum Hof*), USA 1954.

[108] vgl. Harris, Robert A.; Katz, James: Rear Window Ethics – Remembering and Restoring a Hitchcock Classic, Making of Rear Window. In: *Rear Window*, Universal Pictures, 1954 (inc. Renewed 1982 Samuel Taylor, Patricia Hitchcock O'Connell), 00:15:50-00:15:57.

nachzubauen. Da das Studio von Paramount für die Aufnahmen zu klein war, nahm man den Boden heraus und nutzte den Keller mit (vgl. Abb 16).

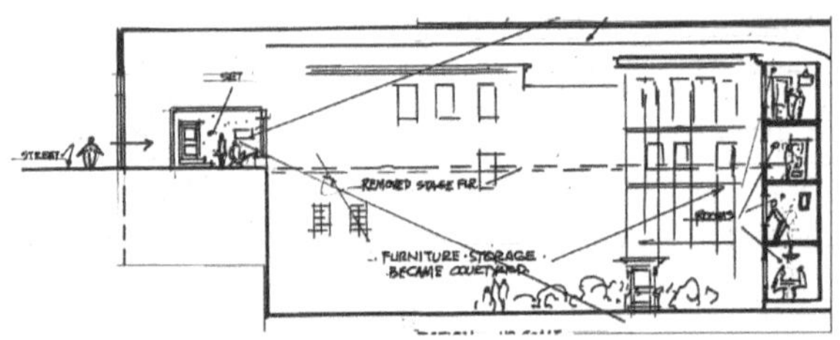

Abb. 16: Making Of *Rear Window*, DVD-Special zum Film, 00:16:43-00:16:57

Jimmy Stewarts Raum, von dem aus er die Menschen in den gegenüberliegenden Wohnungen beobachtet, befindet sich innerhalb des Plots im zweiten Stock, in Wirklichkeit aber auf Höhe der eigentlichen Bühne, der Rasen und der erste Stock waren im Keller des Studios. Es war wie eine kleine Stadt, ein Haus in einem Haus, in dem Hitchcock seine Vorstellungen umsetzen konnte[109].

Ein anderes Extrem besteht in der Verwendung winziger Miniaturen, wie Hitchcock es in der Anfangssequenz von *Rebecca*[110] realisierte. Durch den Einsatz von stark verkleinerten Modellen war es möglich, das grauenerregende Schloss Manderley in eine Umgebung mit kahlen Bäumen, Nebel und dunklen Wolken zu platzieren und mit einer subtilen Kamerabewegung eine ausschweifende Fahrt darzustellen[111].

Ob nun als monumentale Plastik oder kleine Miniatur: Filmarchitektur besteht nur solange, wie sie tatsächlich gebraucht wird. Auf diesen Zweck hin ausgerichtet, können ihre instabilen Wände nicht mit dem festen Mauerwerk eines 400 Jahre alten Gebäudes mithalten.

4.2 Real- und Filmarchitektur als mediale Repräsentationen

Real- und Kulissenarchitektur haben eine Gemeinsamkeit: Sie treten im Film immer als zweidimensionale Repräsentationen in Erscheinung oder wie Hans Dieter Schaal

[109] Zum Making of *Rear Window* vgl. auch Curtis, Scott: The Making of Rear Window. In: Belton, John (Hrsg.): Alfred Hitchcock's Rear window. Cambridge [u.a.]: Cambridge University Press 2000, S. 21-56.

[110] Hitchcock, Alfred: *Rebecca*, USA 1940.

[111] Hitchcock, Alfred: *Rebecca*, USA 1940, 00:01:32-00:03:09.

es ausdrückt: „Die Architektur des Films [...] ist immer eine abgebildete, abfotografierte, zum Bild gewordene Architektur.“[112]

Bei beiden geht die Eigenschaft der Dreidimensionalität durch die filmische Praxis verloren, auch wenn sie im Geist des Zuschauers wieder zu etwas vorgestellt Plastischem transformiert wird. Durch diese Reduktion auf eine Zweidimensionalität sind sowohl Real- als auch Filmarchitektur im Film selbst immer nur Repräsentationen der wirklichen Architektur. Schaal macht dabei keinen Unterschied zwischen realen Gebäuden und Kulissen:

> *Die Architektur des Films ist eine Architektur der Fiktion. Es ist unwichtig, ob eine Stadt, ein Haus, ein Raum real existieren oder ob nur die Fassaden aufgebaut worden sind.*[113]

Betrachtet man jedoch die Beziehung zwischen Real- und Filmarchitektur, so wird deutlich, dass beide Architektur im Film unterschiedlich repräsentieren. Kester Rattenbury sensibilisiert die Leser seiner Aufsatzsammlung *This is not architecture* für die Tatsache, dass mediale Repräsentation von Architektur bereits für viele zum Surrogat der tatsächlichen Baukunst geworden sei[114]. Lässt sich hier von einer Transparenz des Mediums sprechen, muss doch immer einbezogen werden, dass Repräsentation stets kulturell, ökonomisch und vor allem historisch geprägt ist und nie eine vollständige Kopie aller Eigenschaften ihres Signifikats darstellt. Diese Überlegungen lassen sich nicht nur auf das Kino und seine Abbildung von Architektur übertragen, sondern auch auf die Beziehung zwischen Real- und Filmbauten. Denn bei Kulissen, Miniaturen und anderen Formen der Filmarchitektur handelt es sich ebenfalls um vorfilmische Repräsentationen[115]. Filmbauten bestehen meist nur aus den Teilen, die von der Kamera erfasst werden. Da sie allein für die Kamera konstruiert sind, entfallen alle nicht sichtbaren Bestandteile. Damit ist Filmarchitektur zunächst eine mediale Repräsentation tatsächlicher Baukunst. Wird diese nun wiederum abgefilmt, ergibt

---

[112] Schaal, Hans Dieter: Learning from Hollywood: Architecture and film = Architektur und Film. Stuttgart [u.a.]: Edition Menges 1996, S. 17.

[113] ebd.

[114] vgl. Rattenbury, Kester: This is not architecture: Media constructions. London [u.a.]: Routledge 2002.

[115] Etienne Souriaou bezeichnet diese Elemente als „profilmische Wirklichkeit“ (Souriau, Etienne: Die Struktur des filmischen Universums und das Vokabular der Filmologie. In: Montage AV (6/2/1997), Marburg: Schüren 1997, S. 147.) Er definiert damit im Allgemeinen alle Gegenstände, die außerhalb des Films wirklich existieren, aber explizit für den Film hergestellt wurden, um auf dem Set zu platziert und gefilmt zu werden.

sich eine doppelte Abbildung. Während sich Realarchitektur als eine Art virtuelle Repräsentation erster Ordnung manifestiert, handelt es sich bei Filmarchitektur um eine Repräsentation der zweiten Ordnung.

Da Architektur im Film immer nur Teile ihrer Eigenschaften zeigen kann, scheint es keinen Unterschied zu machen, ob das Dekor im Film echt oder künstlich ist. Der Zuschauer wird während der Rezeption nicht darüber nachdenken, ob die Räume und Mauern, die von der Kamera nicht gezeigt werden, aber rein logisch vorhanden sein sollten, vielleicht gar nicht erst produziert worden sind. Auch Patrick Keiller vertritt die These, dass es zwischen der Repräsentation von Realarchitektur und der Repräsentation von Kulisse im Film keinen gravierenden Unterschied gibt[116]. Architektonische Konstruktion und Raum entstehen dem Autor zufolge nicht durch das Dekor, sondern durch die Kinematografie selbst. So schafft es die Montage, einen neuen Handlungsraum zu konstruieren. Für den narrativen Raum mag dies zutreffen. Die Auswirkungen von Real- und Kulissenarchitektur auf die Erzeugung von Raumtiefe wurden dabei aber unberücksichtigt gelassen. Die Form der Repräsentation durch Kulissen beeinflusst beispielsweise maßgeblich, ob die Figuren in diesen interagieren können oder nicht. Stellt man eine riesige Fotoleinwand mit einer darauf abgebildeten Häuserkette als Bildhintergrund auf, so ist diese nur aus einem bestimmten Kamerawinkel aufnehmbar, um sie nicht als Attrappe zu demaskieren. Auch wenn die Filmstudios enorme Größen annehmen können, ist der Bildausschnitt bereits durch die Größe der Kulisse vorgegeben und kann nicht variabel gestaltet werden. Das Set gibt somit Kader und Kameraperspektive, deren Bewegung und die Bewegung der Figuren vor. Bei einem Dreh an einem Originalschauplatz ist die Kamera frei von diesen Restriktionen. Welche Auswirkungen dies auf die Raumtiefe im Film hat, wird die spätere Analyse zeigen.

4.3 Filmarchitektur als Bild, Film, Relief und Plastik

Im vorhergehenden Kapitel zu Real- und Filmarchitektur als mediale Repräsentationen stellte sich heraus, dass Filmarchitektur als solche auch eine Repräsentation realer Bauten darstellt. Welche Formen dies annehmen kann, soll nun diskutiert werden.

[116] vgl. Keiller, Patrick: Architectural cinematography. In: Rattenbury, Kester: This is not architecture: Media constructions. London [u.a.]: Routledge 2002, S. 37-44.

Ausgangspunkt ist die These, dass es sich bei Filmbauten nicht um Architektur im eigentlichen Sinne handelt. Vielmehr vermischen sich hier die Kunstgattungen – Malerei, Film, Baukunst und Bildhauerei – miteinander. Betrachtet man die künstlichen Formen kinematografischer Repräsentation von Architektur, so fällt die große Leistung auf, die Produktionsdesigner und Kulissenmaler bei der Gestaltung filmischer Sets vollbringen. Sie spielen mit künstlerischen Gattungen, vermischen Architektur und Malerei in Matte Paintings und vereinen sie mit Hilfe von Modellbauten und Pappkulissen mit der Plastik. Filmarchitektur ist eine Collage verschiedener Kunstformen und als solche von der realen Architektur zu unterscheiden. Eine gemalte Kulisse fügt sich anders in das filmische Bild ein als richtige Gebäude. Es tun sich im übergeordneten Sinne zwei filmische Ebenen auf: der filmische Raum, in dem sich die Protagonisten befinden, und die Kulisse. Je nachdem, welche Form die Filmarchitektur annimmt, sind diese Ebenen unterschiedlich stark voneinander getrennt. Während die Isolierung beider Schichten bei der Verwendung von Matte Paintings sehr stark ist, da der Schauspieler nicht in sie eindringen kann, verbinden sich die Ebenen bei Attrappen in Originalgröße fast vollständig. Die Form der Kulisse entscheidet über den Grad der Interaktion.

Interessanterweise lässt sich eine Parallele zwischen der geschichtlichen Entwicklung des Films und der Dominanz einer der genannten Kunstgattungen feststellen[117]. Als man in der Kinematografie begann, Sets mit Hilfe von Kulissen zu gestalten, wollte man den Eindruck der Tiefe von der Theaterbühne auf die Filmleinwand übertragen. Der frühe Film übernahm dementsprechend die Techniken des Theaters und arbeitete mit gemalten Kulissen. Filmarchitektur begann daher seine Existenz als Bild. Die Ausstattung des Film d'Art wirkte allerdings sehr flach und blieb der Tradition des Trompe l'œil[118] verhaftet. Die damals noch statische Kamera bedurfte keiner räumlichen Kulisse. Als die Kamera schließlich beweglich wurde, begann man mit der Konstruktion realistischer dreidimensionaler Sets. Die Möglichkeit, die Kamera in einem Raum *umherwandern* zu lassen, machte diesen Schritt notwendig. Der Kamerabewegung ist es also zu verdanken, dass Filmarchitektur jetzt auch in Form von Reliefs und Plastiken existierte, wobei gemalte Kulissen natürlich weiterhin bestehen blieben. Sie waren nur nicht mehr für alle Zwecke nutzbar. Um 1910 baute man für

[117] Für einen Überblick über die Geschichte des Produktionsdesigns vgl. Ettedgui, Peter: Filmkünste: Produktionsdesign. Reinbek bei Hamburg: Rowohlt-Taschenbuch-Verlag 2001.

[118] Man wendete auf den bemalten Flächen optische Tricks an, um einen räumlichen Eindruck zu erzeugen. So zum Beispiel Verkürzungen von Linien, um eine Fluchtperspektive anzudeuten.

die aufkommenden Ausstattungsfilme kolossale Kulissen in natürlicher Größe, in der Regel auf dem Außengelände, da kein Studio groß genug war. Die mythologischen Sujets machten es zudem notwendig, große Tempel und Statuen als Attrappen zu errichten. Bis in die 1920er Jahre hinein setzte das Kino auf Größe und Spektakel. Zugleich begann sich das amerikanische Studiosystem zu etablieren, das in den 1930er Jahren vorwiegend Abenteuerfilme drehte. Sie zeigten exotische Orte und fremde Länder, insbesondere den Orient, und forderten eine entsprechende Gestaltung des Dekors[119]. Zwar verwendete man auch üppige dreidimensionale Plastiken, aber nicht mehr in kolossalen Ausmaßen, da alles in den Studiohallen und auf dem Studiogelände Platz finden musste. Dafür griff man häufiger auf optische Tricks zurück und baute lediglich künstliche Häuserfronten, um Platz zu sparen. Auch Filmarchitektur als Film findet im klassischen Hollywood durch die Entwicklung von Front- und Rückprojektion eine neue Bestimmung.

Betrachtet man nun die verschiedenen Entitäten von Filmarchitektur genauer, so lassen sich, wie oben angedeutet, das Bild, der Film als bewegtes Bild, die Plastik und das Relief als die vier großen Kunstgattungen identifizieren, die der Filmarchitektur zuzuordnen sind.

Um Filmarchitektur als Bild zu betrachten, muss eine wichtige Bedingung erfüllt sein: Größte Voraussetzung ist die künstlerische Gestaltung einer Fläche, also das explizite Auslassen der Gestaltung in die Tiefe. Dies kann sowohl malerisch durch das Auftragen von Farben geschehen (vgl. Abb. 17)[120] als auch fotografisch (vgl. Abb. 1, S. 8) [121] oder durch andere grafische Mittel und Druckverfahren.

---

[119] Zu diesen Filmen zählt zum Beispiel *The Thief of Bagdad* (Walsh, Raoul: *The Thief of Bagdad*, USA 1924), das das Märchen aus 1001 Nacht erzählt und den Zuschauer in die arabische Welt entführt, obwohl der Film tatsächlich in den Hollywood-Studios in Kalifornien entstand.

[120] Die Abbildung stammt aus der Anfangsszene des Films *An American in Paris*. Der junge Amerikaner Jerry Mulligan sitzt scheinbar auf dem Fensterbrett seines winzigen Studios in Paris. Bei genauerem Hinsehen ist jedoch erkennbar, dass es sich um eine bemalte Kulisse handelt: Sowohl Jerry als auch das Gebäude sind gemalt.

[121] Hitchcock verwendete diese riesige Fotoleinwand für seinen Film *Sabotage* (Hitchcock, Alfred: *Sabotage*, USA 1936). Dies ersparte ihm aufwendige Dreharbeiten am Originalschauplatz in London.

Abb. 17: Minelli, Vincente: *An American in Paris*, USA 1951, 00:04:47

In Form von Hintergrundsetzern können die fotografierten oder bemalten Leinwände nun eingesetzt werden, um beispielsweise weit entfernt liegende Orte als kleine Häusergruppen abzubilden. Eines der bekanntesten Motive im klassischen und auch späteren Hollywood, welches mit Hilfe dieser Technik umsetzbar ist, ist die Abbildung von Skylines. Es ist insbesondere in Revue- und Musicalfilmen des klassischen Studiosystems zu finden. Bildhafte Dekors stellen einen Hintergrund für das filmische Bild zur Verfügung, vor dem die Protagonisten agieren. Diese Hintergründe sind nach der bereits erläuterten Technik des Trompe l'œil gestaltbar. Ähnlich verhält es sich mit der Technik des so genannten Matte Paintings, bei dem gemalte und reale Bildteile kombiniert werden. Es handelt sich dabei um eine Postproduktionstechnik, bei der das am Drehort nur teilweise belichtete Filmbild als Negativ auf eine zum Teil mit Ölfarben bemalte Glasplatte projiziert wird[122]. Beide Teile ergänzen sich schließlich in ihrer Zusammenführung auf einem zweiten Filmstreifen. Für Filmarchitekten bieten Matte Paintings die Möglichkeit, Häuserteile – zum Beispiel Stockwerke – in der Umsetzung als gebaute Kulisse auszulassen und sie im Nachhinein als gemalte Partie zu ergänzen und mit gebauten Elementen zu kombinieren. Zudem visualisieren sie ähnlich wie gemalte Hintergrundsetzer entfernt liegende Orte, die perspektivisch dargestellt sind und in einer realen Umsetzung am Originalschauplatz o-

[122] Es handelt sich hier um die ursprüngliche Technik. Im Laufe der Zeit wurden noch weitere Verfahren entwickelt, so zum Beispiel die Bearbeitung am optischen Printer und das Bipack-Verfahren (vgl. dazu Giesen, Rolf: Lexikon der Special Effects: von den ersten Filmtricks bis zu den Computeranimationen der Gegenwart. Berlin: Lexikon Imprint Verlag 2001, S. 181 ff.).

der im Studio viel Platz und aufwändige Dreharbeiten benötigt hätten. Für das Schauspiel bedeutet die Kombination zweier Bilder im Nachhinein, dass die Akteure einen anderen Raum vorfinden als die Zuschauer im Kino. Sie müssen sich den finalen filmischen Raum vorstellen und diesen Aspekt in ihr Spiel mit einfließen lassen.

Eine weitere Form der Filmarchitektur als Bild stellen die verschiedenen Glas- und Spiegeltricks dar. Zu nennen sei hier das Schüfftan-Verfahren, das nach seinem Erfinder Eugen Schüfftan benannt wurde und besonders in den Filmen der UFA und DEFA Verwendung fand[123]. Die eher in Europa populäre Technik wurde auch von der amerikanischen Produktionsfirma *Universal* in *Love me and the World is mine*[124] genutzt. Das Prinzip des Schüfftan-Verfahrens besteht in dem Einsatz eines Spiegels, der in einem 45-Grad-Winkel zur Kamera positioniert wird und die Kulisse spiegelt. Hinter dem Spiegel befinden sich die Akteure des Films. Vor Beginn des Drehs werden die Silhouetten der Personen aus dem Spiegel herausgekratzt, sodass diese wieder zum Vorschein kommen und sich in der Kulisse zu befinden scheinen. Obwohl eine Bewegung der Akteure nur eingeschränkt möglich ist, besteht doch ein großer Vorteil in diesem Verfahren: Die Größenverhältnisse von Kulisse und Figuren spielen keine Rolle. Das ermöglicht den Einsatz von Miniaturen. Auch hier spielen die Protagonisten an einem anderen realen als filmischen Ort und müssen ihr Schauspiel entsprechend anpassen. Da Spiegeltricks von Kader zu Kader angepasst werden können, können sie ebenso der Kunstform des Films zugeordnet werden.

Aber erst eine Weiterentwicklung des bereits erwähnten Matte Paintings führte die Filmarchitektur endgültig in eine weitere Kunstform über: Mit der Erfindung des *Travelling-Matte-Verfahrens*[125] wurde es möglich, das Prinzip des Matte Paintings auf bewegte Hintergrundbilder zu übertragen. Die in *Ben Hur* zum Einsatz gekommene Technik beruht auf der gleichen Funktionsweise des Matte Paintings, hinzu kommt allerdings, dass die Maske zum Abdecken des zu ersetzenden Bildteils von Bild zu Bild angepasst wird. Da dieses Prinzip bewegliche Bilder erzeugt, deren Hintergrund aus gemalter Kulisse besteht, manifestiert sich die Filmarchitektur in dieser Technik bereits als Film. Noch eindeutiger verhält es sich bei *Front- und Rückprojektionen*, bei denen Realarchitektur abgefilmt wird, um sie im Studio auf einer Lein-

---

[123] vgl. ebd., S. 268 ff.

[124] Dupont, Ewald André: *Love me and the World is mine*, USA 1927.

[125] Ein Travelling Matte ist eine spezielle Form des Matte Paintings, bei dem die in der Postproduktion hinzugefügte Maske animiert wird, sodass sie als bewegtes Bild in den Film integriert werden kann.

wand zu projizieren und diese Leinwand wiederum als Hintergrund für die davor agierenden Protagonisten zu nutzen[126]. Diese Form der Filmarchitektur präsentiert sich uns als Film im Film und ist demnach wieder reduziert auf ihre zweidimensionalen Eigenschaften.

Dreidimensionalität erhalten Kulissen in ihrer Realisierung als Plastik. Als Teilgebiet der Bildhauerei grenzt sich die Plastik von der Skulptur ab. Bei der Skulptur wird aus einer vorhandenen Grundmasse Material abgetragen, sodass durch dieses subtraktive Verfahren die Figur oder der Gegenstand dreidimensional dargestellt sind. Stattdessen wird bei der additiven Verfahrensweise der Plastik Material hinzugefügt und geformt. In der Filmarchitektur sind prinzipiell beide Varianten möglich. Die Erschaffung einer Skulptur ist jedoch weitaus aufwändiger und wird daher kaum genutzt. Als Plastik allerdings präsentiert sich Filmarchitektur sehr häufig in Form von Miniaturbauten und Attrappen in Originalgröße. Indem Häuser und andere architektonische Formen als körperhafte Gebilde kreiert und am Set eingesetzt werden, gestaltet sich die Filmarchitektur in dieser Weise als dreidimensionale Kunstform. Je nachdem, in welchem Maßstab die Architekturmodelle umgesetzt sind, ist eine Unterscheidung in Klein- und Monumentalplastik zulässig. Meist aus Holz, Karton, Fiberglas, Styropor und Gips geformt, lässt der Filmarchitekt kleine und große Plastiken entstehen. Miniaturen können anschließend besonders gut genutzt werden, um Luftaufnahmen von Gebäuden zu imitieren; monumentale Plastiken dienen eher dem Dreh von Nahaufnahmen. Die Verwendung vieler Modelle eines Gebäudes in unterschiedlichen Größen ersetzt Kamerafahrt und -zoom. Der Wirklichkeitseindruck wird durch den fehlenden Größenvergleich geschaffen wie auch in der bereits erwähnten Kamerafahrt durch das Umland von Schloss Manderley in Hitchcocks *Rebecca*. Es ist notwendig, den Bau des Modells nach den kameratechnischen Gegebenheiten zu richten, denn zum Beispiel die Brennweite entscheidet bereits über den räumlichen Eindruck der Abbildung mit. Auch hier werden Teile häufig perspektivisch dargestellt, um den räumlichen Eindruck zu verstärken. Effekte wie Dunst werden genutzt, um Bildobjekte in einer scheinbar großen Entfernung darzustellen. Das Drehen mit

[126] King Vidor verwendet Rückprojektionen in *The Fountainhead* zum einen, um die Fahrt eines Krankenwagens durch Manhattan zu simulieren (vgl. Vidor, King: *The Fountainhead*, USA 1949, 00:06:00-00:07:12). Hinter den Fensterscheiben des Autos erscheinen die schnell vorüberziehenden Hochhäuser. Eine andere Möglichkeit der Verwendung von Rückprojektionen zeigt Vidor in der Szene, in der Dominique sich auf das Boot von Gail Wynand bringen lässt, um sein Heiratsangebot resignierend anzunehmen (00:51:30-00:52:50). In dieser Szene wurde die New Yorker Skyline vom Wasser aus aufgenommen und wird nun als Hintergrund für die Handlung auf dem Boot abgespielt.

Modellen erweist sich als äußerst anspruchsvolle Aufgabe für den Kameramann, da die Kamerabewegung sehr präzise umgesetzt werden muss, um nicht übertrieben und unrealistisch zu wirken. Das Modell macht eine Umrechnung und entsprechende Anpassung der Bewegungsgeschwindigkeit notwendig. Gebäude-Attrappen in Originalgröße erleichtern diesen Aspekt. Zugleich sind sie kein Ersatz für reale Architektur, da nie all ihre Merkmale auf die Kulisse übertragen werden können. Attrappen können nicht die übliche Funktion von Gebäuden erfüllen. Sie besitzen häufig nur die Merkmale, die nachher im Film sichtbar sind.

So verhält es sich beispielsweise bei der Fassadenarchitektur, die nur die Hauptansicht eines Gebäudes zeigt. Sie hebt sich als Sonderform der Plastik von den anderen Formen ab, da sie nur eine Seite zeigt und doch dreidimensional ist. Aufgrund dieser Eigenschaft nimmt sie die Form eines Reliefs an, welches sich im Allgemeinen definiert als eine „[b]ildhauerische Arbeit, deren Figuren nicht frei im Raum stehen, sondern an eine Fläche, einen Träger gebunden sind.“[127]

Im Gegensatz zu einer normalen Plastik, die drei und als Vollplastik sogar vier Ansichten haben kann, beschränkt sich das Relief – abgesehen vom sogenannten *Durchbruchrelief* – auf eine einzige Ansicht. Welche genauen Auswirkungen der Einsatz von Fassadenarchitektur auf den Film hat, soll im späteren Teil der Studie noch analytisch festgestellt werden. An dieser Stelle sei nur kurz noch einmal auf Alfred Hitchcocks Werk *Rear Window* verwiesen, in welchem die Fassadenarchitektur ihr Extrem findet, indem die gegenüberliegende Häuserfront und das in den Zimmern dahinter befindliche Geschehen zum Hauptthema des Films avancieren (vgl. Abb. 18)[128].

---

[127] Lucie-Smith, Edward: DuMont's Lexikon der Bildenden Kunst. Köln: Literatur und Kunst 2005, S. 241f.

[128] Das Bild zeigt das Set von *Rear Window*, in dem eine riesige Häuserfassade nachgebaut wurde, die während des gesamten Films die Hauptrolle spielt.

Abb. 18: Making Of *Rear Window*, DVD-Special zum Film, 00:17:26

Den Protagonisten ist es bei der Fassadenarchitektur nicht mehr möglich, das dargestellte Gebäude zu umgehen. Die Bewegung der Figur um und durch die Gebäude und die Erschließung architektonischer Elemente durch die Bewegung der filmischen Akteure war ein entscheidendes Merkmal bei der Konstruktion filmischer Raumtiefe durch Realarchitektur. Wie sich dieser Aspekt bei Filmarchitektur verhält, wird das folgende Unterkapitel erläutern.

4.4 Die menschliche Interaktion mit Real- und Filmarchitektur

In Kapitel 3.3 der Arbeit wurde bereits auf die Rolle der filmischen Figur für die Konstruktion von filmischer Raumtiefe eingegangen. Dabei konnten drei entscheidende Funktionen der Figur herausgestellt werden: Sie dienen als Vergleichspunkt mit anderen filmischen Elementen, die Beobachtung ihrer Bewegungsabläufe hilft dem Zuschauer, räumliche Strukturen nachzuvollziehen, und die Figur ermöglicht stellvertretend das Erfahren des Raums. Die Rolle des gehenden oder flanierenden Akteurs ist dabei von besonderer Bedeutung, da das Gehen ermöglicht, sich räumliche Gegebenheiten anzueignen, Orte in ihrer räumlichen Ausdehnung zu präsentieren und durch einen Positionswechsel zugleich Beziehungen zwischen diesen Positionen herzustellen. Insbesondere das Bewohnen und Durchschreiten von Gebäuden ermöglicht das Verstehen des filmischen Raums. Wie verändert sich dieses Raumverständnis aber, wenn ein Bewohnen und Durchschreiten von Gebäuden nicht mehr möglich ist? Nicht für alle Formen von Kulissen trifft die Aussage zu, dass man nicht in sie hineingehen oder um sie herumgehen kann. Bei Filmarchitektur als Bild, Film und Relief trifft dies zu, bei Modellen und Attrappen in Originalgröße bereits nicht mehr. Die Interaktionsmöglichkeiten nehmen zu, je mehr Dreidimensionalität die Kulisse selbst annimmt. Bei Bild und Film ist sehr wenig Interaktion möglich, sie nimmt erst bei Modellbauten und Fassadenarchitektur zu und findet in realistisch großen Attrappen ihr mögliches Maximum. Prinzipiell sind Kulissengebäude anders ausgestattet als reale Bauwerke, sie sind in der Regel nicht darauf ausgelegt, langfristig genutzt zu werden. Die in einem Film gezeigten Innenräume existieren meist autonom von dem Gebäude, in dem sie sich in der Realität befinden würden. Innen- und Außenansichten von Kulissen werden mit Hilfe von Montage und anderen filmischen Techniken miteinander verbunden. Beide innerhalb eines einzigen Filmbildes zu zeigen, wird damit schwierig.

Es stellt sich also die Frage, welche Funktionen die filmische Figur für die Konstruktion von Raumtiefe noch erfüllt, wenn mit Filmarchitektur gearbeitet wird. Bezüglich ihrer ersten Funktion als Vergleichspunkt mit anderen filmischen Elementen ergeben sich durch die Filmarchitektur veränderte filmische Praktiken. Sobald die Gebäude nicht mehr ihre Originalgröße beibehalten ist es schwierig, Gebäude und Akteur im selben Filmbild zu zeigen, ohne dabei aufzudecken, dass das Gebäude um ein Vielfaches kleiner ist. Montage, Kamerastandpunkt und Einstellungsgröße werden zu notwendigen Mitteln, um eine Verbindung zwischen beiden herzustellen und die unterschiedlichen Größenverhältnisse imaginär auszugleichen.

Auch was das Nachvollziehen räumlicher Strukturen durch die Beobachtung von Bewegungsabläufen betrifft, ist ein Unterschied vorhanden. Dieser liegt darin begründet, dass eine Bewegung in Filmarchitektur eine andere ist als in realer Architektur. Im vorigen Kapitel wurde bereits erwähnt, dass ein Herumgehen um Fassadenarchitektur nicht möglich ist oder zumindest nur dann, wenn die Kamera nicht der Bewegung des Protagonisten folgt. Die Kamera kann diese Fassadenarchitektur nur aus bestimmten Winkeln und Positionen einfangen und ist in ihrer Bewegung eingeschränkt, da sie sonst die Unvollständigkeit des Gebäudes zeigen würde. Im amerikanischen Kino, welches mit dem Continuity-System arbeitet, ist die Bewegung der

Kamera jedoch darauf angelegt, den Akteuren zu folgen, um stets eine narrative Einheit zu gewährleisten.

Der ebenfalls dem amerikanischen Kino zuzuschreibende unsichtbare Stil des Schauspiels erweist sich bei einem Dreh in unechten Kulissen als schwierig. Es ist eine große Leistung, natürlich und in ihren Handlungen alltäglich zu wirken, wenn eine völlig unnatürliche Umgebung dafür bereitgestellt wird. Die Form der Kulisse – so zum Beispiel die Größe des Modells – bestimmt letztendlich, inwiefern der Schauspieler tatsächlich in und mit der Filmarchitektur interagieren kann. Miniaturbauten zeigen entweder unechte Puppen, durch einen Spiegeltrick eingefügte aber beinah unbewegliche Akteure oder eben gar keine Menschen. In fantastischen Filmen ergibt es sich mitunter, dass Menschen scheinbar überlebensgroß neben Miniaturbauten erscheinen. Dann ist allerdings jegliche realistische Relation aus den Fugen geraten. Ebenso schwierig scheint es, sich als Schauspieler in ein Umfeld einzufügen, das gar nicht existiert, sondern erst in der Postproduktion in Form von Matte Paintings oder Travelling Mattes hinzugefügt wird. Der Schauspieler kämpft demnach mit der Größe ebenso wie mit der Ausdehnung und dem Vorhandensein beziehungsweise Nicht-Vorhandensein von Gebäuden. Diese Auseinandersetzung hat Auswirkungen auf das Schauspiel, die Bewegung und die Gestik der Akteure.

In Kulissen übernehmen filmische Techniken die Interaktion mit der Architektur. In *The Fountainhead* ist es zum Beispiel Patricia Neal als Dominique unmöglich, in die Höhe des Wolkenkratzers zu blicken und sich im selben Bild mit dem kleineren Modell zu befinden[129]. Hier kommt die Montage zum Einsatz: Wir sehen den Blick Dominiques in die Höhe und erst in einem zweiten Bild sehen wir, wohin der Blick führt – in die Spitze des Wolkenkratzers (vgl. Abb. 19 und 20).

[129] 01:51:08-01:52:25.

Abb. 19: Vidor, King: *The Fountainhead*, USA 1949, 01:52:04

Abb. 20: Vidor, King: *The Fountainhead*, USA 1949, 01:52:08

Auf der anderen Seite übernehmen die Kulissen Aufgaben der Kamera. Das Abfilmen unterschiedlich großer Modellbauten ersetzt Zoom in, Zoom out, Vor- und Rückwärtsfahrten zur Erzeugung unterschiedlicher Einstellungsgrößen.

4.5 Zwischenfazit

Das Kapitel beschäftigte sich mit der Filmarchitektur als Gegenkonzept zur Realarchitektur. Ziel war es, auf die Dichotomie zwischen beiden Formen aufmerksam zu machen, die in der Theorie häufig unbeachtet bleibt, und diese an einigen Punkten darzulegen. So unterscheiden sich Film- und Realarchitektur grundlegend in ihrer Produktion und Beständigkeit, ihrer existenziellen Form und ihrer Relation zur filmischen Figur. Zudem sind sie durch die filmische Vermittlung mediale Repräsentanten von Architektur, die diese Repräsentation unterschiedlich umsetzen.

Filmarchitektur als Augenblicksarchitektur zu bezeichnen, verweist auf den ersten großen Unterschied. Bereits in den verwendeten Baumaterialien wird deutlich, dass Filmarchitektur nicht lange existiert. Nach ihrer Verwendung für den Dreh wird sie zerstört oder recycelt. Die Ausführungen haben daraufhin ein Paradoxon zwischen Real- und Filmarchitektur beschrieben, da reale Bauten genau zum gegenteiligen Zwecke gebaut werden. Die Verwendung von Materialien mit solider Bausubstanz weist darauf hin, dass reale Gebäude möglichst lang existieren sollen. Trotz allem besteht bezüglich ihrer Produktion eine Gemeinsamkeit darin, dass Produktionsdesigner häufig selbst Architekten sind. Das Metier ähnelt sich demnach enorm. Der Bau von Film- und Realarchitektur erfordert die gleichen Kenntnisse. Sie unterscheiden sich allerdings in ihrem Material und der Tatsache, dass Filmarchitektur in ihrer Ausführung und Größe sehr variabel ist, während Realarchitektur an gewisse Maßstäbe und Kriterien der Nutzbarkeit gebunden bleibt.

Bevor genauer betrachtet werden konnte, welche Formen Filmarchitektur annehmen kann, beschäftigten sich die Betrachtungen mit Real- und Filmarchitektur als mediale Repräsentationen. Zwar weisen beide die Gemeinsamkeit auf, im Film nur Repräsentanten wirklicher Architektur zu sein und diese bedingt durch die filmische Vermittlung ihrer dritten Dimension zu berauben. Ihr Unterschied besteht jedoch darin, dass Filmarchitektur im Film eine mediale Repräsentation im doppelten Sinne darstellt, während abgefilmte Realarchitektur nur eine einfache Repräsentation ist. Kulissen sind vorfilmische Repräsentationen realer Architektur und bestehen als solche häufig nur aus den Elementen, die später im Film sichtbar sein werden.

Dabei hängt von der Form dieser Kulissenarchitektur ab, in welche Beziehung sie sich mit der filmischen Figur beziehungsweise dem Schauspieler setzt. Es stellte sich heraus, dass Filmarchitektur anderen Kunstformen als der Architektur zugeordnet werden kann. Zu diesen zählen das Bild (gemalte oder fotografierte Hintergrundsetzer und Matte Paintings), der Film (Architektur in Form von Glas- und Spiegeltricks, Travelling Matte und Front- oder Rückprojektionen), das Relief (Fassadenarchitektur) und die Plastik (Modellbauten, Miniaturen, Attrappen in Originalgröße). Die Eigenschaften, die Filmarchitektur dabei annimmt, trennen diese vom filmischen

Raum ab. Durch die Interaktion mit der filmischen Figur wird eine Fusion der beiden autonomen Schichten möglich. Die Verbindung der Ebenen ist bei Plastiken größer, nimmt bei Reliefs ab und ist bei Film und Bild am geringsten. Diese These gilt es allerdings noch analytisch zu beweisen.

Schließlich wurde vergleichend betrachtet, wie sich die Rolle der filmischen Figur in Bezug auf die Konstruktion eines räumlichen Eindrucks verändert, wenn der Schauspieler in Kulissen agiert. Dabei stellte sich heraus, dass die Figur ihrer Funktion als Vergleichspunkt mit anderen Objekten im Film nicht mehr gerecht werden kann, dass eine Veränderung ihrer Bewegungsabläufe im Vergleich zu denen an Originalschauplätzen zu verzeichnen ist, und infolgedessen das Nachvollziehen räumlicher Strukturen durch die Beobachtung der Figurenbewegung beeinflusst wird. Als deutlichstes Beispiel wurde das Herumgehen um Gebäude beschrieben, das bei Fassadenkulissen nicht mehr möglich ist, wenn die Kamera der Figur folgen soll. Was die Film- von der Realarchitektur in Bezug auf die Figuren am deutlichsten unterscheidet, ist der Anspruch, den die Drehbedingungen an den Schauspieler stellen. Der im Hollywood-Kino bevorzugte unsichtbare Schauspielstil ist bei einem Dreh in Kulissen um einiges schwieriger umzusetzen. Im Gegensatz zu Realarchitektur ist hier nicht nur die Imagination von Räumlichkeit bei den Zuschauern gefragt, sondern insbesondere auch beim Schauspieler selbst. Ob sich diese Produktionsbedingungen auch auf die filmische Ästhetik auswirken, wird die Analyse später zeigen. Ebenso wird es ihre Aufgabe sein, die erörterten Unterschiede zu untersuchen und die sich daraus ergebenden Praktiken zur Erzeugung von Raumtiefe bei Real- und Filmarchitektur zu diskutieren.

5 Die Gestaltung des filmischen Raums durch Originalschauplätze und Kulissen – ein analytischer Vergleich

Nachdem nun die Unterschiede zwischen Real- und Filmarchitektur in einer theoretischen Auseinandersetzung betrachtet wurden, beschäftigt sich dieses Kapitel mit dem analytischen Nachweis von Unterschieden in der filmischen Raumkonstruktion unter Verwendung von realen Gebäuden und Kulissenbauwerken. An die Überlegungen zur Filmauswahl und Methodik der Analyse schließen sich Analysen der Filme *An American in Paris*, *Funny Face*, *Manhattan* sowie *New York, New York* an.

5.1 Zur Filmauswahl und Vorgehensweise

Für die Analyse werden ausschließlich amerikanische Spielfilme der 1950er bis 1980er Jahre herangezogen. Eine zeitliche und regionale Eingrenzung der Untersuchungsobjekte ist unumgänglich, um dem Ausmaß der Thematik Herr zu werden. Die Analyse bezieht lediglich Spielfilme mit realistischem Charakter ein. Dies meint Filme, die sich in inhaltlicher wie formaler Hinsicht durch Realitätsnähe auszeichnen und fantastische oder überirdische Phänomene (zum Beispiel übernatürliche Fähigkeiten der Protagonisten) ausschließen. Bei realistischen Spielfilmen kann man davon ausgehen, dass sie realistische filmische Räume kreieren, die den allgemeinen Regeln der Physik folgen und eine Untersuchung des räumlichen Eindrucks zulassen. Die Beschränkung auf amerikanische Spielfilme ergab sich aus der Überlegung, dass das klassische Studiosystem Hollywoods, in welchem die Verwendung von Kulissen programmatischer Bestandteil der Inszenierung war, eine optimale Grundlage für die folgende Analyse darstellt. Da, wie David Bordwell bereits feststellte[130], das europäische und amerikanische Kino in ihrer räumlichen Inszenierung grundsätzliche Unterschiede aufweisen, soll sich die Analyse nur auf die amerikanische Inszenierungskonvention konzentrieren. Dies dient einer besseren Vergleichbarkeit der Filme.

Bei der Auswahl der Filme entsprechend der Frage, in welchen mit Filmarchitektur gearbeitet wird und in welchen Filmen dies nicht der Fall ist, kann man zu-

[130] vgl. Bordwell, David: Modelle der Rauminszenierung im zeitgenössischen europäischen Kino. In: Rost, Andrea (Hrsg.): Zeit, Schnitt, Raum. München: Verlag der Autoren 1997, S. 17-42.

nächst feststellen, dass es in der Entwicklung des amerikanischen Kinos zu einem Wandel in der Verwendung von Filmarchitektur kam. Thomas Elsaesser untergliedert Hollywood in das frühe Kino (1896 bis 1916), das klassische Hollywood-Kino (1916 bis 1967), das New Hollywood (1967 bis 1975) und das zeitgenössische Kino (1975 bis heute)[131]. Elsaesser unterscheidet im Übrigen noch das postklassische vom zeitgenössischen Hollywoodkino. Diese postklassische Phase begann 1980 mit dem Aufkommen von Videokassetten und DVDs. Jede dieser Phasen ist durch unterschiedlich starkes Aufkommen von Studiodrehs gekennzeichnet: Während man im klassischen Hollywood von einem regelrechten Boom der Studios und Kulissen sprechen kann, wendeten sich die Filmemacher des New Hollywood von der Kulissenästhetik ab und bevorzugten den Dreh in realen Umgebungen. Dieser Krise der Filmarchitektur schloss sich bereits am Ende der 1970er Jahre eine Renaissance an, die zugleich in die Phase des zeitgenössischen Hollywood-Kinos mündete. Diese neue Form der Kulissenarbeit ist geprägt durch die Entwicklung von digitalen Spezialeffekten und den neuen technischen Möglichkeiten, virtuelle Räume am Computer zu generieren. Aufgrund dieser Überlegungen scheint es zunächst logisch, Filme aus den genannten unterschiedlichen Epochen für die Analyse zu nutzen: Filme des klassischen Hollywoods für die Analyse von Kulissenarchitektur und Filme aus der Zeit des New Hollywood für die Analyse von Realarchitektur. Allerdings stellt sich ebenso schnell heraus, dass diese Kategorisierung nicht anwendbar ist, da entgegen der Erwartungen in allen Epochen sowohl Film- als auch Realarchitektur Verwendung finden. Die klassischen Filme zeigen sowohl Studioaufnahmen als auch Bilder von Originalschauplätzen. Filme aus der Zeitspanne des New Hollywood wurden nicht nur außerhalb des Studiogeländes gedreht, sondern entstanden zum Teil ausschließlich darin. Ebenso gilt es zu berücksichtigen, dass nicht alle amerikanischen Filme aus der Hollywood-Produktion stammen. Man denke nur an den Regisseur Woody Allen, der sich als Autorenfilmer nicht dem Hollywood-Mainstream zuordnen lässt.

Schlussendlich wurden für die Analyse Filme ausgewählt, die dem klassischen und dem postklassischen Zeitalter der 1970er und -80er Jahre entstammen. Sie zählen einerseits zu Hollywood und wurden andererseits auch von unabhängigen Filmemachern des *Independent Cinema* gedreht. *Funny Face* und *An American in Paris* sind Vertreter der klassischen Ära und bilden das erste Vergleichspaar. Es ist aus mehre-

131 vgl. Elsaesser, Thomas: Hollywood heute: Geschichte, Gender und Nation im postklassischen Kino. Berlin: Bertz & Fischer 2009.

ren Gründen naheliegend, sie gemeinsam zu betrachten: Beide Filme sind zeitnah zueinander im klassischen Studiosystem entstanden. *An American in Paris* als Werk der MGM-Studios und *Funny Face* als Produktion von Paramount entstanden im Rahmen eines massenindustriellen Prinzips und zeigen auch entsprechende ästhetische Besonderheiten. Zudem handelt es sich bei beiden Filmen um Musicals, deren herausragendes Merkmal Musiknummern mit Tanz und Gesang sind. Vincente Minellis wie auch Stanley Donens Film spielt in Paris. Die Orte, die gezeigt werden, sind mitunter dieselben. Allerdings erfahren diese Orte unterschiedliche Darstellungsweisen, so unter anderem die Abbildung des Originals oder die Abbildung einer Kulisse als Repräsentation des Originals. *Funny Face* und *An American in Paris* können einerseits innerfilmisch verglichen werden, andererseits aber auch miteinander. Während bei *Funny Face* die Abbildung von Originalschauplätzen überwiegt, kehrt sich der Anteil von Film- und Realarchitektur in Minellis Film um. Interessant bleibt in jedem Fall die Frage, wie diese Darstellungsformen zur Imagination von Räumlichkeit führen.

Das zweite Vergleichspaar findet sich in Woody Allens Film *Manhatten* sowie in Martin Scorseses *New York, New York*. Sowohl Scorsese als auch Allen zeichnen sich als Autorenfilmer des postklassischen amerikanischen Films aus, wobei Scorsese häufig dem *New Hollywood* zugerechnet wird[132], während man Allen mit dem *Independent Cinema* assoziiert. Hier bietet sich die Gegensätzlichkeit zwischen beiden Filmen für einen Vergleich an. Scorseses ausschließlich im Studio gedrehter Film *New York, New York* formt ein Kontrastprogramm zu dem nur zwei Jahre früher entstandenen *Manhattan*, der sich der Verwendung von Kulissen widersetzt. Da beide die gleiche Stadt zeigen, bietet ein Vergleich aufschlussreiche Erkenntnisse über die unterschiedlichen Darstellungsformen.

Die Analyse wird stets vergleichend innerhalb der einzelnen Filme als auch zwischen den filmischen Pendants der jeweiligen Epoche vorgenommen. Um herauszustellen, wie illusionistische, filmische Räumlichkeit erzeugt wird, werden drei Aspekte eine entscheidende Rolle spielen: die Eigenschaften der Filmarchitektur selbst, die Figur in der Kulisse und die kinematografischen Eigenschaften, darunter die Bewegung und Perspektive der Kamera sowie die Montage. Alle drei Elemente erzeugen in ihrem Zusammenspiel eine raumformende Wirkung. Nachdem diese untersucht

[132] so zum Beispiel von Thomas Elsaesser (vgl. Elsaesser, Thomas: Hollywood heute: Geschichte, Gender und Nation im postklassischen Kino. Berlin: Bertz & Fischer 2009, S. 120 ff.).

wurde, gilt es natürlich, einen Bezug zu den theoretischen Konzepten zu finden, deren Betrachtungen der Analyse vorweg gegangen sind.

Es ist unmöglich, im Rahmen der vorliegenden Studie eine repräsentative und erschöpfende Analyse vorzunehmen. Deshalb können nicht alle Genres und auch nicht alle Epochen Beachtung finden. Überlegungen zu den zeitgenössischen Hollywood-Filmen müssen aus diesem Grund außer Acht gelassen werden, obwohl auch sie einen aufschlussreichen Untersuchungsgegenstand darstellen. Ihre technischen Möglichkeiten bewirken die Entstehung von Kulissen, die durch einen nahezu perfekten Realismus geprägt sind, sodass es schwierig ist, zwischen Originalschauplatz und künstlich geschaffener Filmarchitektur zu unterscheiden.

5.2 Amerikanische Spielfilme der 1950er und 1960er Jahre

5.2.1 *An American in Paris*

Jerry Mulligan ist ein Amerikaner in Paris. Nachdem er im Zweiten Weltkrieg als Soldat in die Hauptstadt Frankreichs kam, blieb er nach Ende des Krieges dort und versucht sich seitdem als Maler. Er wohnt in einem winzigen Apartment und ist bei seinen Nachbarn als der sympathische junge Mann mit amerikanischem Akzent bekannt. Besonders die Kinder lieben ihn. Der Konzertpianist Adam Cook zählt zu Jerrys besten Freunden. Gemeinsam schlagen sie sich mit ihrer brotlosen Kunst durch das Pariser Leben. Henri Baurel, ein berühmter Revue-Star und wiederum befreundet mit Adam, ist mit Lise Bauvier verlobt. Jerry, der von der reichen Amerikanerin Milo Roberts in seinem künstlerischen Schaffen finanziell unterstützt wird, lernt Lise in einem Café kennen und verliebt sich auf den ersten Blick. Während sich beide immer näher kommen, bleibt Henri ahnungslos. Lise, die von ihm während des Krieges aufgenommen und beschützt wurde, ist Henri derart dankbar, dass sie ihn nicht verlassen kann. Auf einem Kostümball bricht sie mit Jerry. Doch Henri, der von den Gefühlen Lises gegenüber Jerry erfährt, lässt sie gehen und steht dem Glück der beiden nicht mehr im Weg.

Mit *An American in Paris* schuf Vincente Minelli 1951 eines der vielen amerikanischen Filmmusicals, die sich im Zuge des Studiosystems als eigenständiges Genre herausbildeten. Die Aufnahmen entstanden sowohl in den MGM-Studios in Kalifornien als auch in Paris. Da für den Film nicht nur die originalen Schauplätze in Paris, sondern auch Kulissenarchitektur genutzt wurde, bietet eine Analyse des Films einen ersten direkten Vergleich beider Architekturformen in Bezug auf die Frage, wie sich der räumliche Eindruck des Films unter ihrer jeweiligen Verwendung darstellt. Auch wenn ein Großteil des Films im Studio entstand, wurden Aufnahmen des echten Paris genutzt, um in der Exposition den Zuschauer darüber zu informieren, wo die folgende Geschichte stattfinden wird. Besonders die Bilder der Einleitung zeigen bekannte Orte der französischen Hauptstadt und vermitteln dadurch bereits bekannte Szenen von der Stadt, die einen hohen Wiedererkennungswert besitzen. Die erwähnte Exposition folgt den klassischen Prinzipien, die bereits im Theater existieren: Die Hauptfiguren Jerry Mulligan, Adam Cook und Henri Baurel werden vorgestellt, ebenso der Ort, an dem die Geschichte spielt. In sieben Einstellungen werden Aufnahmen von Originalschauplätzen in Paris gezeigt: der Springbrunnen auf der Place de la Concorde, der Obelisk von Luxor, ein Schwenk nach rechts gibt den Blick auf den Triumphbogen frei, der in einer späteren Einstellung noch einmal aus der Nähe zu sehen ist. Es folgen das Musée du Louvre, die Oper, die Seine und ihre Brücken sowie die Île de la Cité, auf der sich die Kathedrale Notre Dame befindet.

Mit den Worten Jerrys, dessen Stimme aus dem Off die Stadt und seine eigene Begeisterung für sie beschreibt, vollzieht sich der Wechsel hin zu den Studioaufnahmen: „We're on the Left Bank now. Thats where I'm billeted. Here's my street."[133] Optisch gestaltet sich der Wechsel hin zu den Kulissenaufnahmen sehr auffällig: Der malerische Charakter der Kulissen (vgl. Abb. 21) ist sofort erkennbar und grenzt sich von den Aufnahmen der Realarchitektur ab (vgl. Abb. 22).

[133] Minelli, Vincente: *An American in Paris* (*Ein Amerikaner in Paris*), USA 1951, 00:02:25-00:02:31.

Abb. 21: Minelli, Vincente: *An American in Paris*, USA 1951, 00:02:32

Abb. 22: Minelli, Vincente: *An American in Paris* (*Ein Amerikaner in Paris*), USA 1951, 00:02:14

Die ersten Einstellungen werden von ausschweifenden Schwenks dominiert. Der Einstellungswechsel erfolgt jeweils über Blenden, sodass ein allgemein sehr fließender, ganzheitlicher Eindruck entsteht. Mit dem Übergang zu den Studioaufnahmen ändert sich dies: Es gibt keine Blenden mehr, sondern harte Schnitte sowie vielseitige Kamerabewegungen – darunter Neigungen, Schwenks, Fahrten und Zoom. Die erste Einstellung der Studioaufnahme führt den Blick des Zuschauers in eine kleine Gasse. Man sieht die traditionellen kleinen Pariser Häuser mit ihren Schornsteinen, Giebeln und Cafés oder Geschäften im Erdgeschoss. Die Kamera eröffnet den voyeuristischen Blick in die Fenster der Häuser und schließlich auch in Jerrys Apartment. Dem gleichen Prinzip folgend, vollzieht sich die Einführung der Figur Adam Cook, ein langjähriger Freund Jerrys, der sich selbst und seine Tätigkeit als Konzertpianist ironisch aus dem Off beschreibt. Nachdem Adam Henri Baurel beschreibend in die Geschichte einführt, stellt sich Henri ebenfalls vor. Als könnte der Zuschauer ihre Gedanken laut mithören, kommentieren sich alle drei Protagonisten aus dem Off selbst. Als Henri sich vorstellt, übernimmt die Kamera seine Position. Die Menschen auf der Straße grüßen ihn und blicken direkt in die Kamera beziehungsweise in Henris Augen. Erst durch einen Blick in den Spiegel ist zu erkennen, wer sich hinter der Stimme verbirgt. An diesem Punkt verlässt die Kamera Henris Position wieder. Die subjektive Position der Kamera sollte es dem Zuschauer prinzipiell ermöglichen, den Raum zu erschließen, indem Henri diesen stellvertretend wahrnimmt. Die Kamera, die hier eine Identifikation des Zuschauers mit Henri fördert, fährt in einer langsamen Schwenkbewegung entlang einer Häuserfront, vor der sich die Menschen befinden, die Henri grüßen. Der kurze Moment der Identifikation führt allerdings nur zu einem eher flachen Raumeindruck. Die Kamera zeigt zum Beispiel nicht, was sich hinter Henri abspielt und offenbart im Allgemeinen nur einen relativ kleinen Ausschnitt des filmischen Raums.

Die von Preston Ames und Cedric Gibbons entworfene Studiokulisse besteht in der ersten Sequenz des Films aus Fassadenarchitektur, gemaltem Dekor – wie der Litfaßsäule in der rechten vorderen Bildhälfte – und nachgebauten Gebäudeteilen (die Dachgiebel und Fenster) sowie extra gestalteten Innenräumen mit beweglichen Wänden, die der Kamera mehr Bewegungsmöglichkeiten einräumen. Diese wurden zum Beispiel im Treppenaufgang von Jerrys Wohnhaus eingesetzt. Als er das erste Mal sein Apartment verlässt, um wie üblich seine Gemälde im Künstlerviertel von Montmartre auszustellen, geht Jerry die Treppen in seinem Haus hinab. Die Stufen sind dabei im Profil zu sehen. Die Kamera gewährt dem Zuschauer eine Ansicht, die in realer Architektur nicht möglich wäre. Dort, wo sich die Kamera befindet, stünde eigentlich eine Wand. Die Position und Bewegung der Kamera ermöglichen es schließlich, die Etagen des Hauses deutlicher sichtbar zu machen, indem der Betrachter der vertikalen Abstufung der räumlichen Ebenen direkt folgen kann.

Das gemalte Dekor ist mit der Fassadenkulisse verbunden. Gut erkennbar stellt sich dies in der Einstellung dar, die das Wohnhaus Jerrys zeigt[134]. Das Bild beginnt mit dem Blick auf eine Häuserfront, ausgestattet mit der Markise eines Cafés. Ein

[134] vgl. ebd., 00:02:34-00:02:45.

Pfarrer steigt von seinem Fahrrad ab und betritt das Haus durch eine Tür. Der Besitzer des Cafés öffnet die Glastüren. Dann neigt sich die Kamera in einer sehr langsamen Bewegung und führt den Blick des Zuschauers nach oben. Spätestens oberhalb des Schildes mit der Aufschrift *Pension* handelt es sich um eine gemalte Kulisse, die in Wirklichkeit keinerlei dreidimensionale Eigenschaften mehr besitzt. Täuschend echt werden Schatten, Vorsprünge und Fensteröffnungen dargestellt. Besser erkennbar ist der gemalte Anteil der Kulisse in einer späteren Einstellung[135], die das gleiche Bild zeigt, diesmal allerdings mit Jerry, der im Fenster sitzt und zu drei Kindern auf die Straße hinunter blickt (vgl. Abb. 17, S. 63). Jerry ist hier nicht etwa aus Fleisch und Blut, sondern er selbst ist auch gemalt und als solches in das Dekor integriert. Der *echte* Jerry nimmt zuvor dieselbe Position ein, in der der gemalte Jerry wenig später gezeigt wird. Interessanter Weise ist die Verbindung der beiden Einstellungen nicht ganz schlüssig: Während der echte Jerry im Fenster ganz außen links sitzt, sitzt der gemalte Jerry im Fenster rechts daneben. Diese mehrdeutige Darstellung macht es unklar, ob Vincente Minelli einen realistischen Eindruck erzeugen wollte oder bewusst die malerischen Elemente thematisiert, um auf Jerrys Tätigkeit als Maler hinzuweisen.

Wenn die Fassade des Hauses im Giebelteil gemalt ist, wie kann dann die Kamera die Fenster und das Innere der Häuser von außen zeigen und Jerry und Adam beobachten? Der Blick in die Räume hinein benötigt eine Nahaufnahme. Diese würde aber bei gemaltem Dekor offenbaren, dass es kein Häuserinneres, keine Wohnungen und damit weder Jerry noch Adam in dem Haus gibt. Um die Materialität der Kulisse zu verbergen, entstanden die Fenster und Giebel höchstwahrscheinlich als nachgebaute Attrappen. Es ist anzunehmen, dass sich die Giebel während der Dreharbeiten auf dem Boden des Studiogeländes befanden, sodass die Kamera ohne Kran bedient werden konnte, aber der Eindruck entsteht, die Kamera würde sich mehrere Meter über dem Boden befinden. So ist es möglich, die Innenräume isoliert vom Gebäude nach Belieben zu gestalten und dann einfach die Giebelfassaden davor zu montieren. Die Fassade des Gebäudes, die wir im allerersten Bild der Kulissenaufnahme sehen sowie die gezeigten Innenräume sind jedenfalls baulich nicht miteinander verbunden. Eine Verbindung ergibt sich erst durch die Montage der Bilder, die die Kamera zuvor getrennt voneinander aufgenommen hat. Die Fenster dienen als wichtiges Verbindungsstück zwischen den Innen- und Außenräumen: Sie bleiben beim Blick von au-

[135] vgl. ebd., 00:04:37-00:04:49.

ßen ins Innere meist noch im Bild sichtbar, sodass der Betrachter stets die Gewissheit hat, dass von außen in die Räume hinein geblickt wird. Ein Teil der Außenansicht bleibt erhalten und erscheint gemeinsam mit der Sicht ins Innere der Räume. Neben dem Blick der Kamera nach innen gibt es noch weitere Möglichkeiten, das Außen und Innen des Wohnhauses miteinander zu verbinden. Dazu zählt beispielsweise auch der umgekehrte Blick der Kamera aus den Zimmern hinaus. Es ergibt sich ein des Öfteren auftauchendes Motiv (vgl. Abb. 23 und 24): Aus dem Fenster heraus fängt die Kamera den Blick auf die Gebäude der gegenüberliegenden Straßenseite ein.

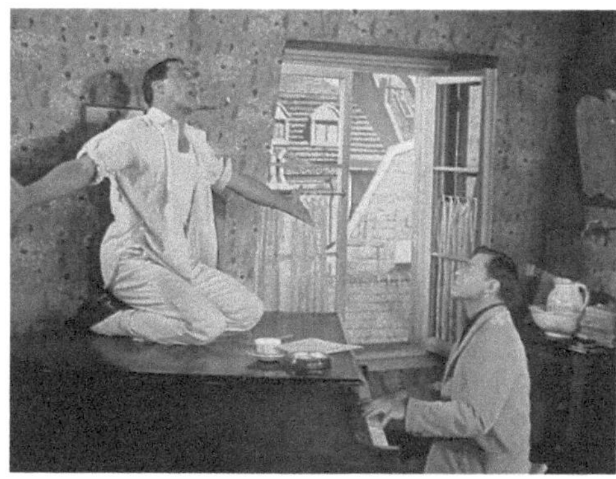

Abb. 23: Minelli, Vincente: *An American in Paris*, USA 1951, 00:46:35

Abb. 24: Minelli, Vincente: *An American in Paris*, USA 1951, 01:08:51

Man sieht Häuser, die dicht hintereinander gestaffelt zu sein scheinen, obwohl es sich auch hier wieder um zweidimensionales Dekor handelt. Die Verbindung ergibt sich nicht nur durch die Blicke der Kamera, sondern insbesondere auch durch die Blicke und Gesten der Protagonisten: so zum Beispiel Jerrys Blick aus dem Fenster hinunter auf die Straße zu den drei Kindern, die Kaugummi von ihm wollen und komplementär die Blicke der Kinder hinauf zu Jerry, verbunden mit gegenseitigem Zuwinken.

Die Verknüpfung von Innen und Außen erfolgt vorwiegend über die filmischen Figuren. Diese interagieren miteinander, obwohl sie sich in unterschiedlichen Räumen befinden und setzen diese damit in Beziehung. Die Interaktion zwischen den Figuren und der Kulissenarchitektur ist dabei eher gering. Das erste Bild der Studioszene (vgl. Abb. 21, S. 78) zeigt, wie die räumlichen Ebenen konstruiert sind und wie sich die Figuren in diese Ebenen einfügen. Die Schichtung ergibt sich zunächst durch die plastische, reliefartige Fassadenarchitektur im unteren Teil des Bildes und die gemalte Häuserfront im oberen Bildsegment. Die Plastizität im unteren Teil ist in erster Linie durch die Markisen der Cafés und Geschäfte gegeben sowie durch die Balkone im hinteren Bildabschnitt. Dort steht sogar eine Person auf einem Balkon und schüttelt Wäsche aus. Die Trennung zur filmischen Raumebene, in der die Figuren agieren, vollzieht sich zwischen den Häusern und den Menschen auf der Straße. Es ergibt sich eine Art Rahmung der menschlichen Aktion durch die Kulisse. Die Bewegung der Figuren macht schließlich die Interaktion zwischen den entstandenen Schichten aus: Ein Pfarrer fährt mit seinem Fahrrad in den Hintergrund, und Menschen befinden sich auf der Straße vor den Häusern. Da ihre Bewegungsmöglichkeiten in den Gebäuden selbst äußerst gering sind – der Pfarrer kann lediglich in das Haus hineingehen, man sieht aber nicht, was er darin tut – ist die Interaktion allgemein eher schwach. Es ist festzustellen, dass im Hintergrund weniger Menschen agieren als im Vordergrund, wo die Interaktion zwischen Mensch und Kulisse am stärksten ist. Dies unterstützt ganz natürlich die Narration, indem die wichtigen Handlungen im Vordergrund stattfinden. Entsprechend ist die Kulisse im Vordergrund auch am detailgetreuesten ausgebaut, nach hinten erscheinen immer mehr malerische, ungenauer ausgearbeitete Elemente. Sie dienen in erster Linie der Blickführung des Zuschauers und betonen durch ihre imaginären Fluchtlinien einen Punkt, der sich rechts, unterhalb der Bildmitte befindet. Der stärkste Ort der Interaktion zwischen Mensch und Kulisse lässt sich zudem auch in der unteren Bildhälfte lokalisieren. In der oberen Bildhälfte befinden sich keine Menschen, hier ist die Trennung der räumlichen

Ebenen am deutlichsten. Zusammenfassend sind die räumlichen Schichten im Vordergrund der unteren Bildhälfte am stärksten miteinander verbunden.

Die Gegenüberstellung der Kulisse mit der Realarchitektur in den ersten Einstellungen der Szene macht den Unterschied der Interaktionsmöglichkeiten deutlich. In der Kulisse sind die Akteure in ihren Bewegungen eher eingeschränkt. Am Realschauplatz sind es vor allem die Autos und andere Fahrzeuge, die durch ihre Bewegung auf den Straßen und um die Gebäude von Paris herum die räumliche Ausdehnung deutlich machen. Am offensichtlichsten wird dies, als die vielen Autos um den Triumphbogen herumfahren (vgl. Abb. 22, S. 78)[136]. Sie fahren die Chausseen entlang, von vorn nach hinten, von links nach rechts und die Menschen bewegen sich ebenso zu Fuß in den Straßen. Es sind viel mehr Menschen innerhalb eines Bildes erkennbar als in der Kulisse, die Kamera fängt das typisch bunte Treiben der Menschenmassen in der Großstadt ein. Die Menschen befinden sich zudem in den unterschiedlichsten Tiefenebenen. Sie dringen in jede Schicht ein, womit sich die Interaktion zwischen Mensch und Architektur nicht nur auf den Vordergrund beschränkt, sondern auf jeder Ebene vorhanden ist und nicht allein der Narration dient. Vielmehr bilden die Menschenmassen einen Teil der Inszenierung und vermitteln die Stimmung von Geschäftigkeit und Hektik. Die bereits erwähnten ausschweifenden Schwenks und Fahrten der Kamera deuten einen Rundum-Blick an, der den plastischen Eindruck des Filmbildes zusätzlich verstärkt. Es handelt sich nicht mehr um die frontal zum Geschehen positionierte, außenstehende Position der Kamera, sondern sie befindet sich vielmehr im Mittelpunkt und erfasst durch ihre Schwenks das Geschehen um sie herum. Der Zuschauer hat das Gefühl, er könne um die Gebäude, den Springbrunnen auf der Place de la Concorde und die vielen anderen Sehenswürdigkeiten der Stadt herumgehen.

In der Kulisse verhält sich die Kamera anders und nutzt die Bewegung in die Tiefe, um einen plastischen Eindruck zu erzeugen. Besonders die Fahrten vorwärts, um in die Fenster der Häuser zu schauen, sind markante Kamerabewegungen in der Kulisse. Schwenks und Zoom-out werden genutzt, um den Bewegungen der Figur zu folgen, allerdings gibt es reine Schwenks nach links oder rechts nur in Innenräumen. Die Kulisse würde nicht genügend Platz zur Verfügung stellen, um außen nach links und rechts zu schwenken, ohne die Begrenzungen des Sets sichtbar werden zu lassen. Die Kamerabewegungen betonen in der Kulisse eher die Tiefe, während sie am Ori-

---

[136] vgl. ebd., 00:02:17-00:02:20.

ginalschauplatz die Breite ausnutzen. In der Kulisse werden größere Kamerabewegungen, insbesondere starke Zooms und Fahrten, von der Filmarchitektur ersetzt: Nachgebaute Fenstergiebel ersetzen einen Zoom hinauf beziehungsweise eine Kranfahrt hinauf zum oberen Teil des Wohnhauses von Jerry. Es gibt die gemalten Giebel, die aus der Ferne gezeigt werden und die Giebel, die aus der Nähe zu sehen sind, aber wahrscheinlich nicht an einem richtigen Haus angebracht wurden, sondern nur als einzelne Elemente existieren.

Nachdem die Gestaltung der Kulisse in der Exposition mit den Aufnahmen am Originalschauplatz verglichen wurde und beschrieben wurde, wie die filmischen Figuren darin agieren und wie sich die Kamera jeweils verhält, soll die Analyse einer weiteren Szene zeigen, wie Kulissen weiterhin eingesetzt werden können, um den Eindruck von Raumtiefe zu erzeugen. Als Lise und Jerry ihre gegenseitige Zuneigung füreinander entdecken, verabreden sie sich im Café Bel Ami nahe des Seine-Ufers. Da Lise sich allerdings von einem älteren Herrn beobachtet fühlt, verlassen sie das Café und beschließen, am Fluss entlang spazieren zu gehen. Dieser Ort wurde von Ames und Gibbons im Studio nachgebildet (vgl. Abb. 25).

Abb. 25: Minelli, Vincente: *An American in Paris*, USA 1951, 00:52:50

Man sieht den Fluss, einen Fußweg, Bäume im Vordergrund und eine von Laternen erleuchtete Brücke im Hintergrund sowie eine Kathedrale, die hinter den Bäumen auf dem gegenüberliegenden Ufer hervorschaut. Der Vordergrund der Kulisse wurde in einem dreidimensionalen Dekor gestaltet. Dies ist insbesondere daran zu erkennen, dass sich das Wasser im Fluss bis hin zur Brücke bewegt, während die Reflexionen der Lichter im Wasser hinter der Brücke starr sind. Zudem bewegen sich die Akteure in dieser Kulisse, was eine Dreidimensionalität voraussetzt. Die Brücke und alles, was sich *dahinter* befindet, ist gemalt, dazu zählen die Brücke selbst, das Wasser, die Mauern, die das gegenüberliegende Ufer begrenzen und die Kathedrale. Die Kulisse erzeugt einen imaginär viel größeren Raum als den tatsächlichen Raum, der im Studio zur Verfügung steht. Man könnte sagen: Erzählraum und erzählter Raum stimmen nicht überein. Auch hier werden verschiedenste Trompe-l'œil-Techniken eingesetzt, um dem Bild einen räumlichen Eindruck zu verleihen: künstlicher Nebel, der die dahinterliegenden Objekte weiter entfernt erscheinen lässt, gemalte Schatten, kleiner werdende Bäume und angedeutete Fluchten.

Die Protagonisten erschließen durch ihre Bewegung, besonders durch ihren gemeinsamen Tanz, den Raum und grenzen ihn zugleich von den nicht nutzbaren Teilen der Kulisse ab. Sie überschreiten nie die räumliche Grenze, die durch die Brücke markiert wird. Als Jerry und Lise die Treppe zum Ufer hinunter gehen, blickt Jerry nach rechts aus dem Filmbild in den Off-Raum und bezieht sich dabei auch im Gesagten auf ihn: „I have a big thing for this spot."[137] Damit erweitert er einerseits den Raum, indem er den Zuschauer dazu anregt, sich den nicht sichtbaren Off-Raum vorzustellen. Auf der anderen Seite bewirkt sein Blick eine Art Vorankündigung des Raums, der folgen wird, und verbindet ihn mit dem noch sichtbaren Raum. Die Bewegung, Gestik und Mimik sind in dieser Szene wichtige Konstrukteure der Räumlichkeit.

Ähnlich ist es auch in der finalen Szene des Kostümballs. Jerry, der glaubt Lise endgültig an Henri verloren zu haben, steht auf einem Balkon und blickt auf das Panorama der Stadt Paris (vgl. Abb. 26).

[137] ebd., 00:51:09-00:51:11.

Abb. 26: Minelli, Vincente: *An American in Paris*, USA 1951, 01:29:27

Auch hier handelt es sich um einen gemalten Hintergrundsetzer, der perspektivische und andere Räumlichkeit erzeugende Mittel malerisch umsetzt. Die Häuser werden nach hinten immer kleiner, unschärfer und dunkler. Gemalte Wolken nähern sich dem künstlichen Horizont und Jerry dient als ideales Größenvergleichsobjekt. Da der Eiffelturm nicht einmal annähernd seine Größe erreicht, scheint er sich automatisch viel weiter entfernt zu befinden. Es entstehen vier räumliche Ebenen: Begonnen bei dem Panorama mit den Wahrzeichen der Stadt grenzt das Windmühlenrad im rechten Bildteil einen weiteren Mittelgrund ab, dann folgt die Balkonbrüstung als dritte und schließlich der Handlungsraum von Jerry, Lise und Henri auf dem Balkon als vierte Ebene. Die Verbindung mit der Filmarchitektur findet auch hier wieder mit Hilfe der Blicke der Protagonisten statt. Jerry spricht über Paris, schaut dabei auf das Panorama und sagt: „Paris? No. Not this city." (vgl. Abb. 27)

Abb. 27: Minelli, Vincente: *An American in Paris* (*Ein Amerikaner in Paris*), USA 1951, 01:28:33

Die Balkonbrüstung als mittlere Ebene trennt die Menschen auf dem Balkon von der Panoramakulisse. Wenig später sind es die Blicke zwischen Jerry und Lise, die den räumlichen Eindruck beeinflussen. Als Lise ins Auto steigt, blickt sie noch einmal zu Jerry hinauf auf den Balkon (vgl. Abb. 28) und Jerry erwidert ihren Blick.

Abb. 28: Minelli, Vincente: *An American in Paris* (*Ein Amerikaner in Paris*), USA 1951, 01:30:22

Allein die Blicke erzeugen den Eindruck, dass sich Jerry an einem stark erhöhten Punkt befindet, während Lise unten auf der Straße steht.

Innerhalb der Balkonszene hat der Regisseur eine Traum- beziehungsweise Phantasiesequenz[138] eingebettet, die sich formal stark von den übrigen Szenen unterscheidet. Es handelt sich um einen reinen Tanz- und Gesangsauftritt, der ebenso gut von einer Theaterbühne abgefilmt worden sein könnte. Jerry findet sich auf einer Bühne wieder, langsam entwickelt sich die Szene, deren Funktion nicht sofort bestimmbar ist. Sie trägt, wie in der Oper die Arie, nicht maßgeblich zum Fortlauf der Narration bei, sondern beschreibt vielmehr den seelischen Zustand Jerrys und hat surrealistische Züge. Auch wenn die Übergänge zwischen den einzelnen Elementen stets fließend sind, lassen sich insgesamt zehn Situationen unterscheiden[139]. Die Kulissenarchitektur hebt sich ebenso von den übrigen Szenen ab. Sie erhebt keinerlei Realitätsanspruch, ihre Künstlichkeit wird vielmehr ausdrücklich thematisiert, wodurch der theatralische Charakter der Sequenz noch weiter zunimmt. Grundsätzlich ist eine Steigerung des räumlichen Eindrucks erkennbar, die durch die Kulisse initiiert, aber durch die Figuren und die Kamerabewegung realisiert wird. Am Ende der Szene kehrt sich diese Steigerung um. Die räumliche Wirkung entwickelt sich zurück zu der der Anfangseinstellung. Diese zeigt ein von Jerry gezeichnetes Bild als Hintergrund. Es wirkt so unrealistisch, dass keine räumliche Wirkung entsteht. Die einzige Verbindung zwischen der filmischen Figur und der Kulissenarchitektur besteht hier darin, dass sich Jerry kurz an einem Pfeiler festhält (vgl. Abb. 29).

---

[138] vgl. ebd., 01:30:49-01:47:42.

[139] Diese Situationen sind die folgenden: Jerry vor dem Bild, das er selbst auf dem Balkon angefertigt hat; Jerry auf der Place de la Concorde; Tanz mit Lise auf dem Blumenmarkt; Jerry mit vier anderen Tänzern in Anzug, Hut und Stock in einer Straße; Lise im Zoo, Hinzustoßen Jerrys und der vier Männer im Zoo; Tanz mit Lise auf dem Springbrunnen; Augenblick in historischer Gesellschaft vor einem pompösen Gebäude; Lise und Jerry in einer 20er-Jahre-Umgebung und schließlich wieder der Blick auf die Place de la Concorde und zurück zu Jerrys Bild, das bereits die Anfangssituation markierte.

Abb. 29: Minelli, Vincente: *An American in Paris*, USA 1951, 01:31:28

In der nächsten Situation nimmt der räumliche Eindruck bereits zu, weil bemalte Papplaternen, Pfeiler und zu guter Letzt der Obelisk und der Springbrunnen auf der Place de la Concorde vor dem gemalten Hintergrund in den Raum positioniert werden. Diese führen zu Überdeckungen von Objekten und Personen. Die Anzahl der Personen nimmt zu. Ihre Tanzbewegungen nach links, rechts, vorn und hinten erschließen die Dreidimensionalität des filmischen Raums. Sobald die Laternen im Mittel- und Vordergrund auftauchen, nimmt der Eindruck von Räumlichkeit zu. Die Straßen steigen an, Menschen kommen hinter Mauern hervor, die Interaktion der Akteure mit der Architektur nimmt zu. Kameraposition und Kamerabewegung verändern sich. Von einer parallel zum Hintergrund befindlichen Kamera, die unbeweglich bleibt, ändert sich ihre Stellung bereits im Übergang zur zweiten Situation. Dort gibt es erstmals Schwenks nach links auf den Springbrunnen, die den Raum erweitern. Während es in der ersten Situation nur ein *vor der Kamera* gab, gibt es jetzt zusätzlich ein *neben der Kamera*. Zudem werden Fahrten vor und zurück eingesetzt, um den Bewegungen der tanzenden Menschen zu folgen. Eine zusätzliche Erweiterung erfährt der filmische Raum mit der gezeigten leichten Aufsicht, die sich ergibt, als Jerry auf dem Springbrunnen steht und die Kamera hinter ihm positioniert auf das Geschehen am Boden blickt. Die Kamera wird dadurch in ihrer Lage noch variabler; neben einem *vor* und *neben der Kamera* konstituiert sich auch ein *vor* und *hinter der Kamera* sowie *oberhalb* und *unterhalb der Kamera*. Der so gewonnene räumliche Eindruck wird noch einige Situationen lang aufrecht erhalten, entwickelt sich allerdings nach dem Moment, in dem sich Jerry in einer historischen Gesellschaft befindet, die vor einem pompösen Gebäude tanzt, wieder zurück. Das Ende der Szene entspricht ihrem Beginn: Jerry steht vor dem Bild, das er selbst gezeichnet hatte. Der Traumsequenz schließt sich das Ende der eigentlichen Balkonszene an, in dem Jerry und Lise endlich ihr Glück finden, nachdem Henri seine Ansprüche an Lise aufgegeben hat.

5.2.2 *Funny Face*

Stanley Donens *Funny Face* ist wie *An American in Paris* die Verfilmung eines Musicals, für das George Gershwin die Musik komponiert hat. Die romantische Komödie spielt in der New Yorker und Pariser Modewelt. Maggie Prescott, Herausgeberin des Mode-Magazins *Quality*, ist auf der Suche nach einem neuen Gesicht für ihre Zeitschrift. Als *Quality*-Frau soll diese mit all ihren positiven Eigenschaften das Heft repräsentieren und dabei nicht nur elegant und schick sein, sondern auch intelligent und selbstbewusst. Bei einem Fotoshooting in einer Buchhandlung in Greenwich Village stößt Maggies Fotograf Dick Avery[140] auf die unscheinbare Verkäuferin Jo Stockten, die sich als scharfsinnige Verfechterin des Empathikalismus[141] entpuppt und sich gegen die Oberflächlichkeit der Modewelt ausspricht. Dick, der sie als neue *Quality*-Frau entdeckt, kann sie überreden, für das Magazin zu posieren, da sie dadurch die Möglichkeit erhält, nach Paris zu reisen und den Begründer des Empathikalismus – Professor Emile Flostre – persönlich kennenzulernen. In Paris verliebt sie sich in den Fotografen Dick und ist von ihrem zwiespältigen Lebenswandel hin- und hergerissen. Vor einer Kapelle in Chantilly bei Paris finden Dick und Jo nach einigen Hindernissen schließlich zusammen.

Donen drehte einige der Szenen für den Film in den Paramount-Studios in Hollywood. Der Großteil der Außenaufnahmen ist allerdings an Originalschauplätzen entstanden. Der Film kehrt das Mengenverhältnis von Film- und Realarchitektur bei *An American in Paris* gewissermaßen um, bei dem der Großteil im Studio entstand und nur geringe Ausschnitte vor Ort in Paris. Beiden gemeinsam ist die Sequenz, die

[140] Die Figur des Dick Avery wurde nach der realen Person Richard Avedon gestaltet, der tatsächlich Fotograf war (vgl. dazu Casper, Joseph Andrew: Stanley Donen. Metuchen, N.Y. [u.a.]: Scarecrow Press 1983, S. 93 ff.).

[141] Bei dem Wort *Empathikalismus* handelt es sich um einen rein erfundenen Begriff, den der Drehbuchautor Leonard Gershe spielerisch verwendet, um eine philosophische Bewegung zu erfinden, der Jo Stockton angehört. Sie existiert aber außerhalb der Geschichte nicht.

der Vorstellung der Stadt Paris gewidmet ist: eine Aneinanderreihung zahlreicher Einstellungen, die die verschiedenen Orte zeigen. Bei beiden handelt es sich um Aufnahmen der Originalschauplätze. Während in *An American in Paris* diese Präsentation eher anonym gestaltet ist, sind die Figuren in *Funny Face* fest in die Szene integriert. Singend und tanzend erobern Jo, Maggie und Dick die Stadt nach ihrer Ankunft[142]. Zuvor gestaltet sich die Darstellung des Flugs von Amerika nach Paris in einem ausgeglichenen Übergang von Studioaufnahmen hin zu Außenaufnahmen. Zu sehen ist der Flug nach Paris, der Zweierlei zeigt: zum einen originale Außenaufnahmen eines Flugzeugs in der Luft sowie Luftaufnahmen von Paris, das startende Flugzeug auf der Startbahn und die vielen Häuser der Stadt, der Eiffelturm, Notre Dame, die Champs Elysées und der Triumphbogen. Zum anderen zeigt die Kamera in Nahaufnahmen die Gesichter von Jo, Maggie und Dick, die in einem Flugzeug sitzen und aus den Fenstern hinunter auf die Stadt blicken. Diese Nahaufnahmen entstanden höchstwahrscheinlich im Studio und zeigen nachgebaute Teile des Flugzeuges. Den Blicken der drei Protagonisten wird jeweils eine Ansicht der Stadt zugeordnet und somit eine Verbindung zwischen Außen- und Studioaufnahmen hergestellt. Auf dem Flughafen Orly angekommen, verabschieden sich die drei unter dem Vorwand, müde zu sein und machen sich getrennt auf Entdeckungstour. Dick macht den Anfang, als er die Champs Elysées hinabläuft und dabei das Lied *Bonjour Paris!* anstimmt. Auffällig ist die Bewegung der Kamera: Wie in *Manhattan*[143] fährt die Kamera vor den Personen her. Der Einsatz einer Steady-Cam ermöglicht es, den Bewegungen der Figuren zu folgen und einen hinter den Akteuren sich öffnenden Raum einzufangen. Aufnahmen in Kulissen haben diese Form der Kamerabewegung bisher nicht gezeigt.

Die besagte Szene zeigt den Umgang und das direkte Zusammenspiel der Figuren mit kolossalen architektonischen Bauten, so zum Beispiel dem Eiffelturm, der als Kulisse wohl nur als Miniatur umsetzbar wäre, in Originalgröße höchstens auf dem Studio-Außengelände positioniert werden könnte. Die Bewegung von Jo, Maggie und Dick unter dem Eiffelturm hindurch, verbunden mit einer extremen Untersicht, stellt sich als markantes Mittel heraus, um die Höhe und Größe der Bauten zu demonstrieren.

Jo, Maggie und Dick besichtigen die unterschiedlichsten Orte der Stadt. Dabei stechen vier Momente heraus, die sehr stark an *An American in Paris* erinnern und in

[142] vgl. Donen, Stanley: *Funny Face*, USA 1957, 00:32:37-00:37:28.
[143] vgl. Kapitel 5.3.1 der vorliegenden Studie.

einigen Punkten gegenüberstellen, wie Film- und Realarchitektur den räumlichen Eindruck des filmischen Bildes gestalten. Dass dies in keinem Fall völlig unterschiedlich oder gar gegensätzlich sein muss, zeigt die erste Situation, in der sich Jo auf dem Montmartre befindet und Menschen vor einem Café anspricht (vgl. Abb. 30).

Abb. 30: Donen, Stanley: *Funny Face*, USA 1957, 00:33:36

Ihr Pendant findet die Sequenz in der Szene, in der Jerry auf den Montmartre geht, um wie jeden Tag seine Bilder zum Verkauf anzubieten (vgl. Abb. 31).

Abb. 31: Minelli, Vincente: *An American in Paris*, USA 1951, 00:17:54

Beide formen einen beinahe identischen räumlichen Eindruck, obwohl es sich bei *An American in Paris* um eine Kulisse handelt, während die Szene in *Funny Face* tatsächlich vor Ort gedreht wurde. Der Blick auf Sacré Cœur ist bei beiden kaum zu unterscheiden. Fast identisch sind ebenso die Einstellungen, die die Place de la Concorde zeigen und in diesem Fall bei beiden Außenaufnahmen sind.

Anders verhält es sich bei der Szene am Seine-Ufer, die in der Analyse von Minellis Film ausführlich beschrieben wurde und nun auch in Donens Werk auftaucht (vgl. Abb. 32 und 25, S. 84).

Abb. 32: Donen, Stanley: *Funny Face*, USA 1957, 00:34:56

Es ergibt sich eine verblüffend ähnliche Bildkomposition. Beide Filme zeigen den gleichen Ort, das Ufer mit Bäumen, eine Brücke und im Hintergrund die Kathedrale Notre Dame. Allerdings verdeutlichen die Menschen und Schiffe im Bild, wie unterschiedlich sich die Räume verhalten können. Der Dreh am Originalschauplatz in *Funny Face* lässt Menschen im Fluss angeln und insbesondere Schiffe durch das Wasser und unter der Brücke hindurchfahren, was in der Kulisse von *An American in Paris* unmöglich wäre. Der Moment, in dem Maggie Prescott am Ufer entlangläuft, wiederholt sich wenig später mit Jo Stockton. Im Hintergrund gehen Menschen über die Brücke und überqueren Autos diese, während die Brücke in Minellis Film unbenutzbar bleibt. Die Interaktion der filmischen Akteure mit der Architektur zieht sich in *Funny Face* bis in den Hintergrund. Das Erleben der räumlichen Tiefe ist somit direkt nachvollziehbar. Eine vierte und letzte Assoziation bildet der Moment, in dem die drei Akteure in *Funny Face* jeweils auf erhöhten Punkten stehen und auf Paris blicken (vgl. Abb. 33 und 34).

Abb. 33: Donen, Stanley: *Funny Face*, USA 1957, 00:36:18

Abb. 34: Minelli, Vincente: *An American in Paris*, USA 1951, 01:29:27

Dieser Moment verbindet sich mit der Balkonszene in *An American in Paris*. In der Konstruktion des filmischen Raums bestehen Berührungspunkte, die in erster Linie in der räumlichen Schichtung zu finden sind. Die Aufteilung in den weiten Hintergrund mit Horizont und den Vordergrund, in dem sich die Personen befinden, verbunden und zugleich getrennt durch eine Brüstung, wird in beiden Filmen aufgegriffen.

Raumtiefe durch Horizont und Luftperspektive weisen zwar sowohl die Film- als auch die Realarchitektur auf, allerdings ermöglichen die Außenaufnahmen in *Funny Face* weite 90-Grad-Schwenks der Kamera, die in der Kulisse von *An American in Paris* nicht auftauchen. Zudem verhalten sich die Akteure unterschiedlich: Jerry blickt in *An American in Paris* nicht nur starr auf das Panorama der Stadt, sondern er sitzt auch auf der Balkonbrüstung. Das Panorama bildet den Hintergrund und Jerry hat sich Lise, die auf den Balkon tritt, zugewandt (vgl. Abb. 27, S. 87). Der Raum, der sich dadurch konstituiert, scheint sich zunächst wie eine Theaterbühne ausschließlich auf eine Ansicht zu begrenzen. Die Gegenansicht wird erst durch die Montage möglich, die Jerry und Lise frontal in einer Halbnahen zeigt (vgl. Abb. 35).

Abb. 35: Minelli, Vincente: *An American in Paris* (*Ein Amerikaner in Paris*), USA 1951, 01:28:52

Jo, Maggie und Dick drehen sich aber beim Bestaunen der Aussicht um ihre eigene Achse. Sie entwerfen allein durch ihre Rundum-Blicke auch in Richtung der Kamera einen Raum, der die Figuren vollständig umschließt, auch wenn nur ein Teil dieses Raums On-Screen zu sehen ist (vgl. Abb. 36)[144].

Abb. 36: Donen, Stanley: *Funny Face*, USA 1957, 00:36:23

[144] vgl. Donen, Stanley: *Funny Face*, USA 1957, 00:35:46-00:36:15.

Nachdem Jo, Dick und Maggie in Paris angekommen sind und die Stadt erkundet haben, schließt sich die Arbeit für das Modemagazin an. Jo, die ihre Zeit lieber in Cafés mit einem Glas Wein und philosophischen Diskussionen mit Verfechtern des Empathikalismus verbringt, bemerkt allmählich, wie ihre Gefühle zu Dick wachsen. Die gemeinsamen Shootings führen die beiden zusammen. Die Orte für diese Fototermine sind ebenfalls Originalschauplätze. Insgesamt acht verschiedene Episoden werden dafür gedreht. Der Zuschauer sieht Jo Stockton als Mädchen mit Luftballons vor dem kleinen Triumphbogen in den Tuillerien, als leidende Anna Karenina am Gleis eines Bahnhofes und als verliebte junge Frau auf dem Blumenmarkt in der Nähe des Palais de la Justice. Als wütende Isolde schreitet sie die Treppen der Oper hinab, bevor sie als einfaches Mädchen zu sehen ist, das auf einem Seine-Kutter Fische angelt. Es folgt Jo Stockton als Prinzessin vor einem Springbrunnen sowie als Balldame, die in ihrem roten Kleid auf den Stufen des Louvre posiert. Letzter Ort für das Fotoshooting und später auch letzter Ort des Films selbst ist eine kleine Kapelle in Chantilly. Jo, die als Braut gekleidet einen glücklichen Eindruck für die Kamera machen soll, kann ihre Enttäuschung gegenüber Dick, der ihre Gefühle nicht zu deuten vermag, nicht länger verstecken und gesteht ihm ihre Zuneigung. Am Ende des Films scheint sich die Szene zu wiederholen: Am gleichen Ort treffen sich Jo und Dick wieder. Jo ist ein zweites Mal als Braut gekleidet und wieder lässt sie ihren Brautstrauß vor der Kirche liegen, sodass Dick sie finden kann. Das Set veranschaulicht, wie sich der Raum bei Außenaufnahmen konstruiert. Dieses Mal nimmt auch die Natur einen nicht unbedeutenden Teil ein. Die Kirche ist eingebettet in eine natürliche Umgebung – einen Park mit Sträuchern, Bäumen und einem Bach. Das erste Bild der Szene zeigt die kleine Kapelle in einer Totalen und macht sie damit in ihrer Umgebung sichtbar. Nach und nach nähert sich die Kamera den handelnden Figuren. Über eine Halbtotale gelangt sie zu einer halbnahen Einstellung, die den Fokus auf die Figuren und nicht mehr das Gebäude legt. Jo und Dick gehen anschließend um die Kirche herum und der Zuschauer wird mit mehreren Ansichten vertraut gemacht, gleichzeitig erfährt er so ihre räumliche Ausdehnung. Jo und Dick verlegen den Handlungsort in den anliegenden Park und entfernen sich langsam aber stetig von der Kirche, die der räumliche Ausgangspunkt der Szene war. Die Entfernung macht auch das räumliche Ausmaß des Sets deutlich. Mit der Verlagerung der Handlung rückt die Architektur immer mehr in den Hintergrund, das Gebäude verändert seinen Status innerhalb des Sets. Kulissen hingegen werden meist nur auf einen einzigen Status beschränkt. Sie sind entweder nur Hintergrundbild oder eine Attrappe, die zur Interaktion mit den Figuren geschaffen wird. Aber die Kapelle in *Funny Face* kann ihren Status ändern, ohne dabei selbst verändert zu werden.

Auch wenn *Funny Face* überwiegend an Originalschauplätzen entstand, bediente sich Donen trotzdem einiger Kulissen. Diese setzt er beispielsweise für den Innenhof ein, in dem Dick seinen Stierkampf-Tanz aufführt[145], um Jo zu imponieren (vgl. Abb. 37).

Abb. 37: Donen, Stanley: *Funny Face*, USA 1957, 00:51:38

Sie wohnt dort in einem Zimmer und blickt vom Balkon aus auf ihn hinunter. Die Tanzszene im Café *Cave des trois Guces*[146] entstand ebenfalls in den Studios von Hollywood[147]. Nachdem Jo in dem besagten Café einen Ausdruckstanz vorgeführt hat, in welchem die Nummern *How long has this been going on?* und *Funny Face* musikalisch verarbeitet werden, gehen sie und Dick ein Stück gemeinsam nach Hause und gelangen schließlich bei Jos Unterkunft an. Diese Szene muss ebenfalls im Studio entstanden sein. Entscheidend für den räumlichen Eindruck ist hier die Lichtführung, die auch den Blick des Zuschauers lenkt. Nachdem Jos Zimmer vom Licht erleuchtet wird, weiß der Zuschauer, dass sie darin eingetreten sein muss. Er weiß also, wo sich Jo befindet, obwohl er sie gar nicht sehen kann. Dick, der wenig später beginnt, im Innenhof zu tanzen, ist von allen Seiten von der Kulisse umschlossen.

[145] vgl. Donen, Stanley: *Funny Face*, USA 1957, 00:46:26-00:50:09.

[146] vgl. ebd., 00:39:55-00:45:22.

[147] vgl. Silverman, Stephen M.: Dancing on the ceiling: Stanley Donen and his movies. New York: Knopf 1996, S. 233.

Dadurch formt sich ein räumlicher Eindruck, der sich von dem der Realarchitektur nicht entscheidend abhebt. Bei gemalten Gebäuden, die man nur als Hintergrundsetzer benutzt, ist der Unterschied wesentlich größer. Auffallend ist in dieser Szene auch das häufig wiederkehrende Motiv des Balkons. Es wird gern für Kulissenarchitektur genutzt, um die Figur in einem Gebäude zu verorten und zugleich eine Interaktion mit dem außerhalb des Gebäudes Befindlichen zu erzeugen. Balkone bieten zudem eine relativ unkompliziert realisierbare Möglichkeit, Fassaden mehr Dreidimensionalität zu verleihen.

Donen verwendet zudem Rückprojektionen als eine besondere Form der Filmarchitektur. Sie greifen zugleich ein in Hollywood sehr gern genutztes Motiv auf: die Fahrt im Taxi durch die Straßen von New York oder einer anderen Metropole. Die bereits für die Autofahrten in *An American in Paris* eingesetzten Projektions-Tricks tauchen in *Funny Face* wieder auf, als das Team um Maggie Prescott zu Beginn des Films im Taxi nach Greenwich Village fährt, um nach einem passenden Ort für das Fotoshooting zu suchen, das sie in einem Buchladen abhalten wollen (vgl. Abb. 38).

Abb. 38: Donen, Stanley: *Funny Face*, USA 1957, 00:09:35

Die Autofahrt selbst wird nun realisiert, indem die Kamera die Innenansicht des Taxis einfängt, während durch die Fenster des Autos hindurch vorbeiziehende Gebäude im Hintergrund erkennbar sind. Diese Gebäude wurden zuvor unabhängig von den übrigen Aufnahmen während einer Fahrt aus einem Auto heraus gefilmt. Dieser Film wiederum wird nun auf eine Leinwand projiziert, vor der sich ein Taxi befindet, dass nicht wirklich fährt. Zwar hat es den Anschein, als würde sich das Taxi fortbewegen, aber tatsächlich sind es die Gebäude im Hintergrund, die „fahren". Es entsteht eine illusionierte Bewegung. Der Einsatz von Filmarchitektur hat in diesem Fall den Vorteil, dass der Dreh unabhängig von Wetter, Tageszeit und anderen externen Einflüssen ist. Womöglich bedient sich der Regisseur standardisierten Materials, also Aufnahmen von Straßenzügen, die in den Studios gelagert sind und für jeden Film zur Verfügung stehen. Dies führt auch zu einem enormen ökonomischen Effekt, da nicht für jeden Film neue Aufnahmen gemacht werden müssen. Der räumliche Eindruck entsteht durch die illusionierte Bewegung, die vortäuscht, dass die Personen einen Weg zurücklegen. Im Wechsel mit der Taxifahrt wird der Buchladen gezeigt, den Maggie Prescott und ihr Team ansteuern. Das Problem bei dieser Szene ist, dass die beiden Bewegungen unterschiedlich schnell sind: Die Häuser ziehen schneller im Hintergrund vorbei, als sich das Fahrzeug dem Geschäft nähert. Mit Hilfe der Filmarchitektur als Rückprojektion ergeben sich insgesamt drei räumliche Ebenen, von denen die Projektion, die die Häuserfassaden der amerikanischen Wolkenkratzer zeigt, die hinterste Ebene bildet. Davor befinden sich das Taxi, in dem die Protagonisten sitzen und schließlich die Häuserfassaden der gegenüberliegenden Straßenseite, darunter auch der Bücherladen (vgl. Abb. 38, S. 98 und Abb. 39).

Abb. 39: Donen, Stanley: *Funny Face*, USA 1957, 00:09:36

Das Auto und die Projektion sind stets in ein und demselben Filmbild zu sehen, während dies bei der gegenüberliegenden Fassade nicht der Fall ist. Sie wird über die Montage mit den anderen beiden Ebenen verbunden. Genau genommen sind alle drei Ebenen voneinander unabhängig.

Die Figur erfüllt erneut durch ihre Gestik und Blickführung eine die räumlichen Ebenen verbindende Funktion: Die Personen im Taxi schauen mit suchenden Blicken nach außen auf beide Straßenseiten, also sowohl in Richtung der Projektion

als auch in die Richtung, in der sich theoretisch der Buchladen befindet, in dem Jo Stockton arbeitet. Interessant dabei ist, dass die Blicke der Figuren nicht direkt auf die Leinwand führen, auf der die Gebäude im Hintergrund projiziert werden, sondern genau genommen leicht nach vorn gerichtet an ihr vorbei, um die gezeigten Bewegungsabläufe logisch zu gestalten. Vorausschauende Blicke müssen sich zudem nicht an die Bewegungsgeschwindigkeit der vorüberziehenden Hochhausfassaden anpassen und erleichtern somit die Kombination von Projektion und davon unabhängigem Schauspiel. Die Blicke der Schauspieler erzeugen also eine imaginäre räumliche Umgebung und verbinden die drei genannten Ebenen miteinander. Wieder ist es die Montage, die zuerst die Blicke und darauf folgend das zeigt, was die Figuren sehen. Die Gestik der Figuren initiiert dies allerdings erst. Als Maggie Prescotts Assistentin einen passenden Laden entdeckt, zeigt sie dies mit Gestik und Sprache an: „There's one."[148] Dabei deutet sie mit dem Finger nach draußen auf einen Ort, den der Zuschauer erst in der folgenden Einstellung sehen wird.
Bei Aufnahmen in einem Auto sind die Bewegungsmöglichkeiten der Kamera sehr eingeschränkt. In den beschriebenen Einstellungen bewegt sie sich gar nicht. Lediglich wenn sie ihren Standpunkt wechselt und aus dem Taxi hinaus filmt, verwandelt sich die vorgetäuschte Bewegung des Taxis in eine Kamerafahrt. Die Bewegung der Kamera, wenn sie in das Taxi hinein filmt, wird von der Rückprojektion übernommen.

In der beschriebenen Szene hat es Stanley Donen geschafft, zwei völlig unterschiedliche Räume miteinander zu verbinden. Er mischt Studioaufnahmen mit Aufnahmen an Originalschauplätzen und erweitert damit den filmischen Raum. Der erzählte Raum ist somit – wie auch bei der Ufer-Szene in *An American in Paris* – größer als der Erzählraum.

5.3 Amerikanische Spielfilme der 1970er und 1980er Jahre

5.3.1 *Manhattan*

Woody Allen erzählt in seiner Komödie *Manhattan* die Geschichte des 42-jährigen Isaac Davis, der Komödien für das Fernsehen schreibt und nun an einem Buch über die Liebe eines Mannes zum Leben in New York City arbeitet. Zweifach geschieden

[148] Donen, Stanley: *Funny Face*, USA 1957, 00:10:42-00:10:43.

trifft er sich jetzt mit der 17-jährigen Tracy und macht sich selbst über seine Beziehung zu einer so jungen Schülerin lustig, die seine Tochter sein könnte. Isaacs bester Freund Yale, verheiratet mit Emily, hat eine Affäre mit der intelligenten Journalistin Mary. Noch bevor das Verhältnis der beiden an die Öffentlichkeit geraten kann, kommen sich Mary und Isaac näher, Isaac verlässt daraufhin Tracy und er und Mary werden für kurze Zeit ein Liebespaar. Ihrer Gefühle gegenüber Yale und Isaac unsicher, bricht Mary wiederum mit Isaac und die Liaison findet ein schnelles Ende. Am Schluss gesteht sich Isaac ein, dass er Tracy nicht vergessen kann und trifft noch ein letztes Mal auf sie, bevor sie für ein halbes Jahr nach London geht. Ein endloses Hin und Her der Gefühle, das sich mitten in der New Yorker Intellektuellen-Szene abspielt.

Bereits die Betrachtung der technischen Daten des Films gibt Aufschluss über seine allgemeine Tiefenwirkung. Woody Allen verwendete während des Drehs 35-mm-Filmmaterial im Panavision-Widescreen-Format. Das entstehende Scope-Format bietet sich für Außenaufnahmen, wie Allen sie machte, an. Er setzte es ein, weil damit grafische Elemente und Strukturen am besten sichtbar sind. Zudem erweist sich der Widescreen als ideales Mittel, um mit den gezeigten Größenverhältnissen umzugehen, insbesondere mit der Darstellung von Menschen in der Stadt und der Stadt selbst[149]. Panavision ist ideal, um das Panorama New Yorks einzufangen. Die Verwendung einer weiten Blende erzeugt allerdings Bilder mit geringer Schärfentiefe, die den Film dominieren. Es ergeben sich Bilder, die aufgrund ihres Breitwandformats den Blick in die Weite führen. Dieser Blick ist jedoch kein besonders scharfer, wodurch die Tiefenwirkung allgemein geringer ist.

Woody Allens Liebe zu New York City ist in jedem Bild spürbar. Zu Beginn präsentiert er dem Publikum eine Exposition, die in 61 Einstellungen Bilder der Stadt aneinander montiert und als eine Hommage zu verstehen ist. Ungewöhnlich viele Einstellungen verbinden sich hier zu einem ersten Eindruck von New York. Die restlichen Sequenzen spielen sich als Episoden in bedeutend weniger Einstellungen ab. Häufig handelt es sich um eine einzige Plansequenz, die die gesamte Episode einfängt. In der Exposition, die musikalisch von George Gershwins *Rhapsody in Blue* begleitet wird, bietet sich dem Zuschauer eine Vorstellung der Stadt New York in all ihren Facetten. Ihrer Skyline folgen die unterschiedlichsten Panoramaaufnahmen, Bilder von den Straßen der Stadt zu unterschiedlichen Jahres- und Tageszeiten und

[149] vgl. Fox, Julian: Woody: Movies from Manhattan. London: Batsford 1996, S. 112f.

das bunte Treiben der Menschenmassen. Leute, die zur Arbeit gehen, auf dem Markt an Ständen schauen, die Straßen überqueren. Wir sehen Hinterhöfe, Industriegelände, den Hafen mit ein- und ausfahrenden Schiffen, Kinder, die aus einer Schule laufen, Jugendliche, die Basketball spielen und immer wieder verschiedene Orte der Stadt: Seien es die Apartments der Park Avenue, das Guggenheim Museum oder der Central Park – die Stadt wird hier zum Hauptsujet, das seinen Abschluss mit der längsten Einstellung der Szene in einer klischeehaften Darstellung der New Yorker Skyline bei Nacht findet, hinter der ein Feuerwerk in den Himmel steigt und die Bewohner dazu aufruft, sich in das New Yorker Nachtleben zu stürzen. Natürlich erfüllt die Exposition auch eine narrative Funktion. Isaacs Stimme dringt aus dem Off zum Zuschauer vor. Er schreibt gerade an seinem Buch und stellt seine Hauptfigur vor, indem er dessen Umschreibung auf ein Diktiergerät spricht und insgesamt viermal von Neuem beginnen muss. Eindringlich macht Allen klar: Seine Hauptfigur liebt New York[150]. Da alle Bilder dieser Sequenz an Originalschauplätzen gedreht wurden, bietet sich dieser Teil des Films an, um die räumliche Wirkung der gezeigten Architektur genauer zu untersuchen.

Was zu allererst ins Auge fällt, ist die Abbildung der Skyline und das Zeigen von Panoramaaufnahmen der Stadt[151]. Fast schon klischeehaft drängen sie sich dem menschlichen Auge auf. Grundsätzlich dienen derartige Einstellungen der eindeutigen Zuordnung des Ortes und der Orientierung des Zuschauers. Zudem visualisieren Panoramaaufnahmen auch Höhen- und Größenunterschiede von Gebäuden, Verdeckungen und damit die Existenz hintereinander liegender Ebenen. Die Staffelung von Gebäuden verstärkt den Tiefeneindruck. In mehreren Einstellungen zeigt Allen eine extreme Schichtung von Hochhäusern. Das Filmbild hat eine enorm geometrische, geradlinige Komposition. Durch die Reihung scheinen die in die Tiefe gehenden Gebäude immer kleiner zu werden. Die zentralperspektivische Abbildung in leichter Unter- oder Aufsicht ist aufgrund der durch die Häuserfronten visualisierten Fluchtlinien sehr gut erkennbar. Kurz zuvor wird dem Betrachter ein Bild in starker Untersicht gezeigt (vgl. Abb. 40).

[150] „Chapter one: he adored New York City.", Allen, Woody: *Manhatten*, USA 1979, 00:00:37-00:00:41, 00:01:22-00:01:26, 00:01:42-00:01:46.

[151] Panoramaaufnahmen unterscheiden sich von Skylines, da sie von einer stärker erhöhten Perspektive, also in einer leichten Aufsicht, aufgenommen werden.

Abb. 40: Allen, Woody: *Manhattan*, USA 1979, 00:02:12

Diese Kameraperspektive steigert die Ausdehnung der Wolkenkratzer in die Höhe und formt somit den räumlichen Eindruck.
Die Exposition zeigt die Stadt zu unterschiedlichen Tageszeiten. Auffällig unterscheidet sich dabei der räumliche Eindruck, der mit zunehmender Dunkelheit abnimmt, da die einzelnen Ebenen der Skyline nicht mehr so gut erkennbar sind und bei Nacht zu einer homogenen Silhouette verschmelzen. Beleuchtung wird also zum elementaren Bestandteil der Raumkonstruktion.

Ein optisch herausragendes Moment findet sich in der Einstellung, in der das Guggenheim Museum gezeigt wird (vgl. Abb. 41).

Abb. 41: Allen, Woody: *Manhattan*, USA 1979, 00:02:05

Die Einstellung zeigt den imposanten Wendeltreppenaufgang des Museums, wobei sich die Kamera unbeweglich und frontal zu diesem befindet und scheinbar auf der gegenüberliegenden Seite im Aufgang selbst positioniert ist. Sie konstruiert ein äußerst grafisch anmutendes Bild, das verschiedene Ebenen in die Höhe, nicht aber in die Raumtiefe staffelt. In dieser Einstellung wird die spezifische raumgebende Aufgabe von Architektur sichtbar: Sie gliedert den Raum, indem sie ein großes Volumen in mehrere Räume und Stockwerke unterteilt. Im Bildmittelpunkt zentriert sich eines dieser Stockwerke beziehungsweise Aufgangsebenen. Ober- und unterhalb sind weitere Stockwerke angedeutet, die dem Zuschauer deutlich machen, dass das Museum mehrere horizontale Ebenen besitzt. Innerhalb jeder Ebene findet eine Untergliederung der Räume statt, die durch Wände voneinander getrennt sind. Aufgrund ihrer spärlich eingesetzten Bildobjekte und Einfarbigkeit wirkt die Bildkomposition eher planimetrisch. Es gibt kaum Elemente, die in die Tiefe führen. Fast alle Figuren drehen der Kamera den Rücken zu, sodass man nicht einmal ihre Blickführung in den Hintergrund nachvollziehen könnte. Diese Einstellung präsentiert sich dem Betrachter daher als flaches Bild mit Leinwandcharakter. Architektur zerstört den Raum aufgrund ihrer Untergliederungen des vorhandenen Gesamtvolumens und wirkt grafisch. In der Exposition von *Manhattan* lassen sich noch weitere Elemente finden, die eine eher flache und Raum zerstörende Wirkung erzeugen. So zum Beispiel das Bild von einer Brücke, die einen im Bild nicht sichtbaren Fluss überqueren muss und links im Bildkader in ein Wohn- bzw. Industriegebiet mündet (vgl. Abb. 42).

Abb. 42: Allen, Woody: *Manhattan*, USA 1979, 00:00:44

Nicht wie üblich ist die Brücke in einer starken Flucht nach hinten dargestellt, sondern durchquert die Bildfläche nur leicht diagonal. Durch die fehlende Flucht und die Verjüngung ihrer Streben zum Forder- und nicht zum Hintergrund hin verringert sich der Tiefeneindruck enorm. Ähnlich wie die Einstellung des Guggenheim Museums taucht in der Exposition die Frontalansicht eines Hinterhof-Gebäudes auf, das äußerst flach erscheint. Maximiert wird die flächige Wirkung in einer anderen Einstellung, in der der Betrachter den Ausschnitt eines hochmodernen Gebäudes sieht (vgl. Abb. 43).

Abb. 43: Allen, Woody: *Manhattan*, USA 1979, 00:03:01

Zu sehen ist die Front des Bauwerks bei Nacht, man erkennt lediglich die beleuchteten Fenster und die angedeutete Außenwand. Der Ausschnitt ist so gewählt, dass sich die Umrisse des Hauses nicht mehr im Bild befinden. Es fehlt jeder räumliche Bezugspunkt und durch die Dunkelheit geht zusätzlich Raumtiefe verloren.

Letztendlich bietet die Zusammenfügung aller Einstellungen einen räumlichen Gesamteindruck. Die filmische Montage entspricht einer architektonischen Montage Manhattans und formt ein subjektives Gesamtbild von New York. Da die Bilder eher sprunghaft sind und nicht zwingend aufeinander aufbauen – wie es zum Beispiel von Episode zu Episode der Fall ist – kann man hier nicht immer davon sprechen, dass die Montage der Bilder der kognitiven Wahrnehmung von Raum beim Menschen entspräche. Was uns der Film *Manhattan* jedoch zeigt, ist die Bedeutung der menschlichen Bewegung für den filmischen Raum. Ständig betreten Menschen ein Gebäude, verlassen eines, gehen auf Fußwegen oder in Räumen und konstruieren dadurch einen räumlichen Eindruck. Ein sehr häufiges Motiv in Allens Film verdeutlicht dies: Oft ergibt es sich, dass die Protagonisten auf einem Fußweg oder auf der Straße gehen und sich währenddessen unterhalten. Die Unterhaltung von Isaac und Yale, in der Yale von seiner Affäre mit Mary berichtet[152], sei nur ein Beispiel. Ein anderes ist der Spaziergang von Yale, Mary, Isaac und Tracy, nachdem sie sich auf einer Ausstellung begegnet sind[153]. Sie diskutieren über gesellschaftliche Belange, Kunst und andere Themen, während Isaac von der besserwisserischen Art Marys genervt ist. Die Personen laufen auf einem Fußweg vom Hintergrund in den Vordergrund, die Kamera bewegt sich in den ersten Sekunden nicht, fährt dann aber rückwärts in die gleiche Richtung, um ihnen *vorläufig* zu folgen. Der Abstand zu den Personen bleibt von da

[152] vgl. Allen, Woody: *Manhattan*, USA 1979, 00:06:39-00:08:35.
[153] vgl. ebd., 00:14:48-00:16:56.

an immer der gleiche. Ein Tiefeneindruck kann also nur durch einen anderen räumlichen Bezugspunkt als die Figuren entstehen. Diesen gibt es unter anderem durch Fassaden, Autos und Bäume. Mit Hilfe der Kamerafahrt, die allein durch die Bewegung der Figuren initiiert wurde, eröffnet sich ein Raum im Hintergrund. Immer mehr Fassaden treten in den Bildausschnitt hinein und bleiben im Hintergrund erhalten. Dadurch öffnet sich ein Raum in der Tiefe. Je mehr Weg die Personen zurücklegen, umso stärker wird dieser Tiefeneindruck. Das Motiv des Gehens auf der Straße kehrt häufig wieder und hat meist den gleichen Effekt des sich öffnenden Raums. So zum Beispiel in der Szene, in der Isaac seine zweite Ex-Frau Jill auf der Straße abfängt, um sie mit der geplanten Veröffentlichung ihres Buches zu konfrontieren, in dem Jill Geheimnisse ihrer Ehe verraten will[154]. Oder die Plansequenz, in der Mary und Isaac nach einer Dinner-Party gemeinsam nach Hause gehen und sich erstmals näher kommen[155]. Je nachdem, in welche Richtung die Protagonisten hinsichtlich der Position der Kamera gehen, öffnet sich der Raum in unterschiedlichen Graden nach vorn, hinten, links oder rechts. In einem Fall beispielsweise spielt Isaac mit seinem Sohn Ball und beide laufen vom Vorder- in den Hintergrund[156]. Hier öffnet sich der filmische Raum lediglich nach einem kurzen Schwenk der Kamera nach rechts. Danach bleibt der Raum bestehen, aber durch die Bewegung der Figuren in den Hintergrund wird seine Ausdehnung in die Tiefe deutlich.

Architektur bedeutet stets auch die Trennung zwischen Innen und Außen. Wenn also die Raumwirkung von Architektur zur Frage steht, müssen auch Innenräume in die Betrachtungen einbezogen werden. Der Wechsel, der sich zwischen einem Außer- und einem Innerhalb vollzieht, kann starke Kontraste und somit unterschiedliche Raumwirkungen aufzeigen. Die Szene, in der Yale Mary anruft, um ihr zu gestehen, dass er immer noch sehr an ihr hängt, macht diesen Kontrast deutlich[157]. Wie in einer Art Schuss-Gegenschuss-Aufnahme sehen wir Mary, die in ihrem Apartment telefoniert, und Yale, der in einer Telefonzelle an irgendeiner Straße steht. Während die Außenaufnahme die weite Straße mit den Häuserzügen zeigt, ist durch die Innenaufnahme die Enge des Innenraums repräsentiert. Die zentralperspektivische Bildkomposition der Außenaufnahme erzeugt einen Tiefeneindruck, der bei der Innenaufnahme nicht weniger stark ist, aber völlig anders realisiert wird. Während

---

[154] vgl. ebd., 00:09:38-00:10:53.
[155] vgl. ebd., 00:23:56-00:26:28.
[156] vgl. ebd., 00:33:50-00:33:58.
[157] vgl. ebd., 01:09:26-01:10:55.

Yale telefoniert, werden die Menschen um ihn herum nicht von den Gebäuden verdeckt, sondern bewegen sich vor ihnen. Ihre ganzen Körper werden in der weiten Aufnahme sichtbar. Im Zimmer, in dem Mary telefoniert, befinden sich Isaac und sie hingegen in liegender oder sitzender Position und sind trotzdem nur angeschnitten sichtbar. Der Raum erfährt durch die Wände eine starke Zerschneidung. Sie verdecken Gegenstände und schränken das Sichtfeld ein. Allgemein entsteht ein enorm beengender Raumeindruck.

Die Bedeutung von Innenräumen zur Erzeugung von Raumtiefe wird in einem weiteren Moment besonders deutlich: Als Mary von Yale verlassen wird, trifft sie Isaac in seiner Wohnung, um ihm von ihrem Unglück zu berichten[158]. Isaac streift durch die Wohnung, auf der Suche nach einem Glas Wasser und Taschentüchern für Mary. In dieser Szene sind es vor allem die Türen und Gänge, die eine wichtige Funktion erfüllen. Sie teilen nicht nur die Räume ab, sondern gestalten und betonen zudem die Bildmitte. Mehrere Türrahmen und Raumkanten bilden eine vielschichtige Sur-Cadrage in die Tiefe. Indem Isaac durch diese hindurchläuft, entsteht ein Tiefeneindruck. An dieser Stelle sei daran erinnert, dass sich architektonische und kinematografische Mittel hier ergänzen, um eine Tiefenwirkung zu gestalten. In die Türen links und rechts verschwindet Isaac und taucht immer wieder auf. Es ergibt sich eine mehrfach kreuzartige Komposition durch den Gang in die Tiefe und die seitlich abgehenden Türen, die eine Ausweitung in die Breite gewährleisten, welche für den Zuschauer imaginär ist, da sich diese Seitenzimmer im Off des Kamerabildes befinden.

Völlig gegensätzlich gestaltet sich der Innenraum, in dem Yale und Isaac wenig später Racket spielen[159]. Der Spielraum ist fast völlig monochrom, außer zwei horizontalen dunklen Linien, die das Spielfeld begrenzen, einem Schriftzug darunter und einem Lüftungsschacht in der unteren rechten Ecke der Wand ist alles weiß. Der Zuschauer sieht einen Teil der rechten Hälfte des Raums, erkennbar am Verlauf der Raumkanten. Diese sind zugleich die einzigen Hinweise darauf, dass sich die zwei Personen in einem dreidimensionalen Raum befinden. Die Bewegung des Balls verleiht dem Bild einen zusätzlichen Raumeindruck. Wenn die beiden den Raum verlassen, treten sie durch eine Glastür. Deren Transparenz und die Einfarbigkeit sind hier sehr präsent und erzeugen einen enorm flachen filmischen Raum.

---

[158] vgl. ebd., 00:50:32-00:52:45.

[159] vgl. ebd., 00:53:46-00:55:20.

Erinnert man sich an die Überlegungen von Öhner und Ries, so ließen sich besonders dieser Racket-Spielraum und das Bild des Guggenheim Museums als räumlich definieren. Wenn man Raum als leeres beziehungsweise mit Luft gefülltes Volumen betrachtet und dieser sich gerade dadurch konstituiert, dass er nicht Architektur ist, so wird mit dem Racket-Raum, der kaum architektonische Elemente erkennen lässt, bereits ein sehr voluminöser filmischer Raum konstruiert.

5.3.2 *New York, New York*

Martin Scorseses *New York, New York* erzählt die Geschichte der beiden Musiker Jimmy und Francine, die sich auf einer Feier zum V-J-Day[160] 1945 kennenlernen. Tenorsaxophonist Jimmy Doyle, der mit seiner Band alternativen Bebop in Harlem spielt, kann nach unnachgiebigen Annäherungsversuchen endlich das Herz der Sängerin Francine Evans gewinnen. Gemeinsam touren sie eine Weile mit der Band von Frankie Harte durch Amerika. Jimmys raue Art und die unterschiedlichen Vorstellungen der beiden darüber, wie man mit Musik Karriere macht, führen zu ständigen Auseinandersetzungen und einem Hin und Her in der Beziehung. Trotz allem wird geheiratet. Als Francine jedoch schwanger wird und beschließt, nach New York City zurückzukehren, kündigt sich die Krise ihrer Ehe an. Francines Durchbruch als Star am Broadway, der völlig gegen Jimmys Ansichten von guter Musik läuft, führt schließlich zum Ende ihrer Ehe. Als sie sich nach Jahren dort wiedersehen, wo ihre Beziehung begonnen hat, verabreden sie sich ein letztes Mal. Doch beide wissen genau, dass dieses Treffen nie stattfinden wird.

Auffällig ungleich gestalten Woody Allen und Martin Scorsese den Raum New Yorks in ihren Filmen. Während Allen in *Manhattan* Innen-, wie Außenräume fast immer an Originalschauplätzen gedreht hat[161], entstand Scorseses *New York, New York* ausschließlich im Studio. Die Innenaufnahmen machte das MGM-Studio, für

[160] Der V-J-Day – der „Victory-over-Japan-Day" ist ein in den USA am 14. August stattfindender Gedenktag. Er steht für den Sieg der Amerikaner über Japan im Zweiten Weltkrieg und ist Symbol für das Ende des Krieges.

[161] Mit Ausnahme des Hayden-Planetariums; vgl. dazu Fox, Julian: Woody: Movies from Manhattan. London: Batsford 1996, S. 114 ff.

die Außenaufnahmen war Fox zuständig[162]. Bei *New York, New York*, so beschreibt es Patricia Kruth, entspreche der Aufnahmeort nicht mehr dem fiktionalen, narrativen Ort[163]. Allens Orte, die in der Wirklichkeit existieren, gestalten sich übersichtlich und klar definiert. Die Größe und das Ausmaß der Stadt sind nachvollziehbar. Scorseses für den Film konstruierte Räume hingegen konstituieren sich in einem nur schwer fassbaren Raumbegriff. Georg Seeßlen beschreibt Scorseses filmische Räume zunächst, indem er einen augenfälligen Unterschied zu anderen Filmen des amerikanischen Kinos herausstellt:

> *Es gibt in diesen Filmen nicht die Grunderfahrung des amerikanischen Kinos: die Weite. Scorseses Filme funktionieren eher vertikal denn horizontal, und es ist die street, der urbane Lebensraum, nicht die road, das Versprechen der Freiheit, die den Lebensweg seiner Figuren bestimmt.*[164]

Das vertikale statt horizontale Erschließen des Raums nimmt Scorsese durch ein prägnantes stilistisches Merkmal vor: Häufig beginnen die Szenen in *New York, New York* mit einer extremen Aufsicht auf das Geschehen. Danach neigt sich die Kamera nach oben beziehungsweise fährt nach unten und öffnet den Raum. Horizontale Schwenks werden von vertikalen ersetzt und bewirken den beschriebenen vertikalen Raumeffekt. Die typische Weite amerikanischer Filme, die Woody Allen durch den Blick auf die Skyline der Stadt realisiert, ist in Scorseses Werk nicht mehr gegeben, da die Skalierung der Stadt auf den Menschen abgestimmt ist. Die Größenverhältnisse sind der Größe des Menschen angepasst, sodass die Gebäude New York Citys nicht mehr überdimensional groß erscheinen. Es ist nicht nur der Eindruck von räumlicher Enge, den Scorsese durch enge Straßen und von Menschen überfüllte Räume erweckt, sondern zugleich eine sonderbare Form der Unbegrenztheit, die sich in erster Linie durch die Dunkelheit der Nachtszenen und nicht vorhandener Horizonte ergibt. Räumlichen Begrenzungen, die Woody Allen mit verschiedenen Motiven umsetzt[165], verweigert sich Scorsese oder setzt sie nicht in ihrer optisch begrenzenden Funktion ein. *New York, New York* ist ein Film ohne räumliche Grenzen, mit oftmals

---

[162] vgl. Kruth, Patricia: The Color of New York. Places and Spaces in the Films of Martin Scorsese and Woody Allen. In: Penz, François; Thomas, Maureen (Hrsg.): Cinema & Architecture: Méliès, Mallet-Stevens, multimedia. London: British Film Institute 1997, S. 70-79.

[163] vgl. ebd.

[164] Seeßlen, Georg: Martin Scorsese. Berlin: Bertz 2003, S. 11.

[165] Insbesondere Brücken, deren Länge in extrem langen Einstellungen und ausgedehnten Schwenks demonstriert wird, aber auch Skylines dienen als beliebtes Motiv der Stadtbegrenzung.

abstrakten Orten, die sich nicht genau definieren lassen. Diesem gegenüber stehen die eindeutig lokalisierbaren Orte von *Manhattan*, die jederzeit durch Indizien im Bild, wie Leuchtreklamen oder Schilder, identifizierbar sind. Allen vermittelt einen harmonischen Raumeindruck, indem er seine Protagonisten in ihre urbane Umgebung integriert und auch der Natur Raum gibt, sich im Einklang mit der Stadt zu verbinden. Der Central Park sei hier als ein Beispiel genannt, das in *Manhattan* äußerst präsent ist. Scorseses Stadt hingegen gilt als Inbegriff der negierten Natur. Das Gefühl der Abgeschnittenheit der filmischen Akteure, verbunden mit deren Unwohlbefinden in der Stadt, ergibt sich nicht zuletzt durch die stilistischen Elemente des Film Noir[166], die Scorsese ebenso wie klassische Hollywood-Elemente einbaut.

Scorsese hat seinem Film ein absolut hollywood-untypisches Ende gegeben, da es offen gestaltet ist und sich nicht zu einem Happy End der Liebesbeziehung auflöst. Trotzdem erinnert vieles an die Filmmusicals der 1940er und -50er Jahre. Stilistisch vereint *New York, New York* Elemente des Musicals mit denen des Film Noir. Besonders die Musiknummern, die narrative Referenz durch das Sujet des Musikers und die Gestaltung der Sets lehnen an das klassische Hollywood an. Die Dunkelheit und die vielen Nachtszenen, die den gesamten Film durchziehen, die tragische Beziehung der Protagonisten spiegeln Merkmale des Film Noir wider. *New York, New York* ist zugleich Tribut und Kritik am klassischen Musical. Er ist eine Hommage an die Sets jener Zeit und verwendet entsprechend typische Gestaltungsmittel für den Bau der Kulissen. Boris Leven, der bereits für *West Side Story*[167], *The Sound of Music*[168] und viele andere klassische Hollywood-Filme als Production Designer tätig war, gestaltete auch für *New York, New York* die Kulissen nach klassischem Vorbild. Regisseur Martin Scorsese betont dabei die Künstlichkeit der Sets, die er bei seiner Arbeit besonders hervorheben wollte:

> *The artifice of the film, the sets themselves, the obvious sets. Sometimes the sets were painted, you could see it wasn't real. The street kerbs that were supposed to be in New York were too high. It didn't look like the city I knew. But we understood it to be a different kind of reality, a parallel universe in a way, to the reality I knew [...] The tension was kind of*

[166] Dazu gehören zum Beispiel die zahlreichen Nacht- und Regenszenen und damit einhergehend die Low-Key-Beleuchtung in stilistischer Hinsicht, sowie Jimmy als Antiheld mit Schwächen, das Sujet des Betrugs und die pessimistische Entwicklung der Geschichte in narrativer Hinsicht.
[167] Robbins Jerome; Wise, Robert: *West Side Story*, USA 1961.
[168] Wise, Robert: *The Sound of Music*, USA 1965.

> *naturalistic behavior of the actors within the confines of an artificial-looking film. I wanted to put these two styles together. As I say, the artifice and truth.*[169]

Scorseses Werk lebt von Zitaten früherer Filme, bricht aber zugleich mit den klassischen Regeln des Studiosystems. Am deutlichsten wird dies am Ende des Films, das kein Happy End beinhaltet, sondern offen gestaltet ist. Das Schauspiel der Protagonisten ist zu großen Teilen improvisiert[170]. Dadurch ergibt sich nicht nur eine vom klassischen Stil abweichende Form der Darstellung und des Verhaltens der Akteure, sondern auch atypische zeitliche Entwicklungen in der Narration. Die Eingangsszene, in der sich Francine und Jimmy beispielsweise kennenlernen, dauert mit fast zwanzig Minuten eindeutig länger als eine klassische, logische und schnelle Zusammenführung eines Liebespaares. Als Francine nach der Entbindung ihres gemeinsamen Sohnes im Krankenhaus liegt und Jimmy sie besucht, flüstern sie die gesamte Sequenz über. In einem klassischen Hollywood-Film würde der Zuschauer in seiner Rezeption nie derart gefordert und angestrengt werden. Den unrealistischen Zügen der formalen Gestaltung setzt sich ein Realismus der Narration kontrastierend entgegen. Dies führt zu einer seltsam anmutenden Inszenierung, die allein schon aufgrund ihrer Reflexivität in Bezug auf den klassischen Hollywood-Film moderne Züge trägt.

In Bezug auf die räumliche Wirkung des Films muss ein wichtiger Aspekt beachtet werden: Innenräume nehmen einen weitaus größeren Teil in dem Film ein als Außenräume. Wie sich auch dieser Aspekt auf den räumlichen Eindruck auswirken kann, wird die Analyse zeigen. Im Vordergrund soll auch dieses Mal die Frage stehen, wie die Kulissenhaftigkeit des Films dessen Raum organisiert. Es scheint, als würden in *New York, New York* die bisherigen Kategorien der Analyse keine Anwendung mehr finden. Trotz der Verwendung von Kulissen im klassischen Stil erzeugt Scorsese in seinem Werk einen völlig eigenen Raumeindruck, der sich besonders durch vier Elemente im Film auszeichnet: der große Anteil der Nachtszenen, welche Räumlichkeit an sich reduzieren, die Innenräume, bei denen eine Unterscheidung zwischen Kulissen- und Realarchitektur kaum mehr möglich ist, die Stilisierung des Dekors, die unter anderem zu einer Veränderung in der Interaktion des Protagonisten mit den Gebäuden führt und die Farbgestaltung, die noch viel stärker als Kulissen-

---

[169] Martin Scorseses Einführung zu *New York, New York*, DVD-Special zum Film, 00:00:52-00:01:18 sowie 00:04:00-00:04:11.

[170] vgl. ebd.

oder Realgebäude den filmischen Raum beeinflusst. Die genannten Punkte sollen nachfolgend in die Analyse einbezogen werden.

Bereits der Vorspann zeigt die Skyline Manhattans als gemaltes Bild. Animierte Lichter ergänzen die Kulisse durch bewegliche Elemente, die an fahrende Autos erinnern. Elemente dessen werden von der Eingangssequenz übernommen, die mit einer im Studio realisierten Außenansicht beginnt[171]. Geräusche von feiernden und jubelnden Menschen dringen an das Ohr des Zuschauers. Das erste Bild des Films zeigt eine Nachtszene. Ein Mann steht auf einem Balkon, das harte Gegenlicht aus dem Innern des Gebäudes macht ihn unerkennbar. Papierschlangen fliegen durch die Luft. Der Schriftzug „V-J Day 1945“[172] wird rot eingeblendet und verweist ein erstes Mal auf den Anlass der feierlichen Stimmung. Der anonyme Mann auf dem Balkon wirft Kleidungsstücke von oben auf die Straße hinunter, darunter auch ein Hemd, dessen Fallbewegung die Kamera verfolgt und ihre Perspektive von einer Untersicht in eine Aufsicht wechselt. Auf dem Gehweg laufen Schuhe über das liegende Hemd, ebenso über eine durchnässte Zeitung, auf der der Anlass für die scheinbare Feierlichkeit angekündigt wird: Die Amerikaner feiern ihren Sieg über die Japaner im Zweiten Weltkrieg. „Japs give up“[173] ist in dicken, roten Buchstaben auf dem Titelblatt zu lesen – ein zweiter Hinweis und die Einbettung der folgenden Geschichte in einen historischen Kontext. Ein Mann verweilt kurze Zeit auf der Zeitung stehend. Zu sehen ist ausschließlich das Paar Schuhe, das er trägt. Kurz darauf verschwindet das besagte Schuhpaar und taucht wieder auf. Die Kamera, die mit den Schuhen eben noch einen sehr reduzierten Bildausschnitt gezeigt hat, fährt an der Person hoch, die in den Schuhen steckt. So entwickelt die Kamera die Vorstellung der Hauptperson Jimmy Doyle, die sich dem Zuschauer nach und nach offenbart. Er trägt neben weißen Stoffhosen auch ein Hemd, das auf den ersten Blick wie ein buntes Hawaiihemd anmutet, sich dann aber als ein Hemd mit New-York-Motiven entpuppt. Gebäude und Schriftzug bilden eine Referenz zum Vorspann und zugleich zur Hauptthematik des Films. Die Stadt New York soll im Verlauf der Geschichte immer wieder eine entscheidende narrative Wichtigkeit erlangen. Sie ist Anfangs- und Endpunkt der Geschichte und Innbegriff der Szene, in der sich die Geschichte von Jimmy Doyle und Francine Evans abspielt. Zu hören ist neben dem Jubel der vielen Menschen auch ei-

---

171 vgl. Scorsese, Martin: *New York, New York,* USA 1977, 00:01:44 – 00:03:35.
172 ebd., 00:01:47.
173 ebd., 00:02:01.

ne hervorstechende Stimme aus dem Off, die im Stil eines Radiomoderators das Gezeigte kommentiert. Sie verrät, dass auf dem Times Square die größte Party Amerikas gefeiert wird, um den Sieg gegen die Japaner und die Heimkehr der Soldaten zu feiern. Noch vor Einsatz dieser Stimme erschallt eine Trompete, gefolgt von dem Rest einer Big-Band, die ein Jazz-Stück anstimmt.

Die Kamera zeigt nun Jimmy Doyle und präsentiert ihn zugleich in seiner markantesten äußeren Eigenschaft: Er schiebt sich einen Streifen Kaugummi in den Mund, reibt sich die Hände und verschwindet in den Menschenmassen auf der Straße. Die Kamera entfernt sich von der Hauptfigur und schwebt in einer subtilen Kranfahrt über die Akteure hinweg. Von oben her öffnet der Regisseur den filmischen Raum. Das zuvor sehr eingeschränkte Blickfeld hatte kaum räumliche Begrenzungen. Jetzt zeigt die Kamera in einer extremen Aufsicht die Köpfe der Menschen. In einer kombinierten Bewegung aus Neigung, Schwenk und Fahrt nimmt sie immer mehr Abstand und lässt zunehmend das Umfeld der Menschen sichtbar werden. Gebäudefassaden dringen in den Bildraum ein. Sie sind übersät mit Leuchtreklamen. Eine davon, ein roter Pfeil in der rechten, unteren Bildhälfte, zeigt sinnbildlich auf die Hauptfigur, die sich durch die Menschenmassen kämpft.

Die extreme Dunkelheit der Nachtszene lässt die Konturen der Häuser fast völlig verschwinden (vgl. Abb. 44).

Abb. 44: Scorsese, Martin: *New York, New York*, USA 1977, 00:03:25

Im Vordergrund noch angedeutet, verlieren sie im Hintergrund zunehmend an Form. Beleuchtung ist hier das wichtigste Mittel der Raumkonstruktion. Deren Intensität nimmt im Hintergrund stetig ab und erzeugt einen ersten Tiefeneindruck. Sie dient dazu, die Konturen der Gebäude zu definieren, wenn nicht gar zu ersetzen. Insbesondere ab der Apollo-Anzeige am linken Bildrand ersetzen die Lichtobjekte in ihrer zentralperspektivischen Anordnung die natürlichen Fluchten der Gebäude. Der Gesamteindruck bleibt jedoch bei einer eher vagen Definierbarkeit des filmischen Raums. Die Gebäude schaffen es nicht, Begrenzungen zu formen. Sie verschwinden in der Dunkelheit der Nacht. Die räumliche Definition der Leuchtreklamen und die räumliche Offenheit der Nacht kontrastieren einander. Erst im letzten Bild der Außeneinstellungen der Szene wird die Bedeutung der Akteure für den Raum deutlich: Wie Ameisen tummeln sie sich auf der Straße, es ist diesmal nicht die einzelne Figur, die sich durch ihre Bewegungen den Raum aneignet. Die Menschen stehen auf der Straße, zwar tanzen sie und heben jubelnd die Arme, aber sie bewegen sich kaum fort. Durch ihre enorme Anzahl füllen die Menschen jedoch das Bild bis in den letzten Winkel des Times Square aus. Sie bilden kompositorisch eine abfallende Diagonale, die das Filmbild nicht nur genau diagonal halbiert, sondern zugleich die markanteste Fluchtlinie darstellt und die zentralperspektivische Anordnung des Bildes unterstützt. Die Aufsicht der Kamera erweist sich als unverzichtbar, um das gesamte, auch in die Tiefe des Bildes führende Geschehen zu erfassen. Die Fassaden der Gebäude heben sich reliefartig von ihrem Grund ab. Bereits im ersten Bild der Sequenz taucht ein bekanntes Motiv auf: der Balkon, der es ermöglicht, Menschen innerhalb einer Fassadenkulisse zu verorten. Der Balkon bildet den ersten Interaktionspunkt zwischen Figur und Filmarchitektur. Der zweite besteht, wie bei *An American in Paris* auch, in den Vorsprüngen der Fassaden. In diesem Fall ist es der steinerne, dachartige Vorbau des Gebäudes im Vordergrund, welches sich direkt neben der Reiseagentur befindet. In großer, roter Leuchtschrift steht *New York* daran geschrieben. Martin Scorsese nimmt damit eine weitere Verortung der Situation vor, die jedoch rein formal bleibt und an der Umgebung allein kaum nachvollzogen werden kann. Die Vorsprünge der Gebäude sorgen für mehr Dreidimensionalität der Kulisse und führen ebenso dazu, dass die Menschen oberflächlich mit ihr „verwoben" sind. Sie stehen auch in den Eingängen und unter der Überdachung, gehen aber weder hinein noch hinaus.

Eine Schwarzblende gestaltet schließlich den Übergang von den Außeneinstellungen hin zu den Aufnahmen des Innenraums. Im Zentrum des schwarzen Bildes wird durch einen Scheinwerferspot ein Trompeter beleuchtet, der dem Zuschauer später als Tommy Dorsey vorgestellt wird. Wieder beginnt die Einstellung mit einer starken Aufsicht. Nachdem das Bild wieder im Schwarz der Dunkelheit versunken ist, erscheint der Schlagzeuger ebenso durch einen Scheinwerfer in helles Licht getaucht. Der ihn umgebende Raum bleibt dabei vollkommen anonym. Durch die Spots beschränkt sich die Beleuchtung ausschließlich auf die zwei Akteure, bis schließlich die gesamte Big-Band von oben zu sehen ist. Sie eröffnet mit ihrem Spiel die Feier des Abends. Diese ist vor allem den heimgekehrten Soldaten gewidmet, die den Krieg überstanden haben und das Ende einer harten Zeit feiern wollen. Jimmy, den man eben noch auf dem Times Square gesehen hat, taucht in der Menschenmenge wieder auf. Nach zwei fehlgeschlagenen Annäherungsversuchen landet er bei Francine Evans. Es folgt ein längerer Dialog, in dem Jimmy vergeblich versucht, Francines Telefonnummer zu bekommen. Nachdem ihm dies nicht gelungen ist und er enttäuscht das Feld räumt, findet er erneut zu ihr. Diesmal ist es sein Kumpel, der Francines Freundin kennengelernt hat und ihr jetzt Jimmy vorstellt. Die Kulissenarchitektur dieser Szene in Form einer Skyline bei Nacht ist erstmals im Hintergrund des Ballsaals sichtbar (vgl. Abb. 45).

Abb. 45: Scorsese, Martin: *New York, New York*, USA 1977, 00:04:48

Tommy Dorsey spielt Trompete, seine Big-Band begleitet ihn mit Swing und die Gäste tanzen ausgelassen. Die Kamera öffnet mit einer Kranfahrt zurück den riesigen Innenraum des Ballsaals und macht seine Größe deutlich. Die Filmarchitektur besteht hier aus einem nahezu grafisch anmutenden gemalten Hintergrundsetzer, der die Skyline Manhattans zeigt. Ihre Elemente sind zu geometrischen Formen abstrahiert. Zudem ist alles schwarz, nur die Fenster heben sich als leuchtend weiße Quader vom Hintergrund ab. Durch die Abstraktion macht Scorsese auf die Materialität der Kulisse aufmerksam und setzt durch diese Form der Darstellung sein Ziel um, die Künstlichkeit der Filmarchitektur und den Realismus des improvisierten Schauspiels zueinander in Bezug zu setzen. Die Häuserkanten der Wolkenkratzer sind nicht zu erkennen. Höhe und Breite der Gebäude lassen sich nur durch die Anordnung der Fensteröffnungen erahnen. Das Bild, das sich dem Zuschauer präsentiert, erinnert enorm an die Häuserfront, die in der Exposition von *Manhattan* zu sehen war (vgl. Abb. 43, S. 104) und die als Beispiel für eine planimetrische Bildkomposition erläutert wurde. Ebenso flächig mutet nun auch die Skyline-Kulisse von *New York, New York* an. Sie dient als Hintergrundbild für die ersten Handlungen der Hauptfigur Jimmy Doyle. Die Ähnlichkeit zwischen den Bildern der beiden Filme zeigt, dass Film- und Realarchitektur tatsächlich auch identische Mittel für die Rauminszenierung benutzen.

Plateauartig heben sich die Bühne und der Sitzbereich des Saals von der großen Tanzfläche ab und unterstützen die vertikale Inszenierung des Raums, die zuvor schon einmal Erwähnung fand. Auch hier erscheint wieder die Balkonbrüstung als Motiv der Abgrenzung und Verbindung von menschlichem Handlungsraum und Kulisse[174]. Etwas eigenartig erscheint die Brüstung allerdings in Verbindung mit dem Bühnenbild, das als Fensterausblick inszeniert ist und die Existenz eines Geländers nicht zwingend notwendig macht.

Die Art und Weise der Kulissengestaltung ist äußerst unnatürlich. Sie hebt sich von der Handlung im Vordergrund ab und stellt sich als isolierte Ebene dar. Eher bildhaft als räumlich gestaltet sie den filmischen Raum. Selbst die Bilder auf Jimmys Hemd wirken realistischer als die Filmarchitektur, die sich über die gesamte Länge im Hintergrund erstreckt. Da sich die Kulisse als Bild rein zweidimensional im Hintergrund präsentiert, ist auch das Verhalten der Kamera nicht stark von ihr beeinflusst. Häufig tauchen Aufsichten mit leichten Schwenkbewegungen auf sowie die Fokussierung eines Punktes im Bild mit anschließender Rückwärtsfahrt, die den Blick auf das Geschehen freigibt und einen Gegensatz zum traditionellen Establishing shot darstellt. Die Montage der Bilder ist auf die Musik abgestimmt und damit eine rhythmische Montage. Es gibt keine Anzeichen dafür, dass die Bewegung und

[174] So war es bereits in der Balkonszene am Schluss in *An American in Paris* und in *Funny Face*, als in einem Split Screen die drei Hauptfiguren gezeigt werden, die nach ihrer Entdeckungstour auf das Panorama der Stadt Paris hinuntersehen.

Perspektive sowie der Schnitt von der Kulisse beeinflusst werden. Scorsese nutzt die Kulisse nicht als Handlungsraum, sondern tatsächlich als reines Accessoire mit dem Ziel, auf die artifiziellen Sets von Hollywood-Filmen der 1940er und -50er Jahre zu verweisen. Die Flächigkeit der Filmarchitektur unterstützt diesen Effekt explizit.

Scorseses *New York, New York* besteht zu einem Großteil aus Nachtszenen. Als beliebtes Motiv setzt er zusätzlich Regen ein, um die Bilder atmosphärischer zu gestalten. So verhält es sich auch in der Sequenz, in der Francine mit einem Taxi an ihrem Hotel ankommt und Jimmy sie nicht gehen lassen will[175]. Bei strömendem Regen steigt Francine nachts aus dem Wagen aus. Jimmy versucht immer wieder, sie zurück in den Wagen zu ziehen. Die nächtliche Beleuchtung des Studiosets lässt das Bild grenzenlos und zugleich eng erscheinen. Die Kulissenbauten, wahrscheinlich reliefartige Fassadenbauten, tauchen aus dem Dunkel auf. Sie sind nie vollständig sichtbar. Eine ganz ähnliche Szene findet der Zuschauer wenig später wieder. Als Francines Agent in ihrem Auftrag eine Nachricht an Jimmy überreicht, folgt Jimmy ihm nach draußen[176]. Die Situation auf der Straße erinnert sehr an die vorige Szene: Ein Taxi steht auf der Straße, zwei Menschen interagieren miteinander, treten aus dem Gebäude heraus. Die Umgebung verschwindet erneut im Dunkel der Nacht. Nur ausschnitthaft sind die Kulissen erkennbar. Sie passen sich der Größe der Protagonisten an und erscheinen demnach nicht so groß, wie sie in der außerfilmischen Realität sind. Nach dem Gespräch mit Francines Agent steht Jimmy unter einer Laterne und spielt ein Stück auf seinem Saxophon. Einmal angespielt, dient es als auditiver Match-Cut zur nächsten Szene, die zeigt, wie sich Francine mit Frankie Hartes Band auf Tournee befindet und dasselbe Lied singt.

Etwas später zeigt Scorsese eine weitere markante Nachtszene, bei der die Filmarchitektur anders gestaltet ist und die Abgrenzung zu ihrer Umgebung, die in den beiden zuvor genannten Szenen kaum vorhanden war, sehr gut sichtbar wird[177]. Nachdem Jimmy sich der Band von Frankie Harte angeschlossen hat und er mit Francine gemeinsam das Leben auf Tournee meistert, finden sie sich eines Abends in einem Hotelzimmer wieder. Als Jimmy Francines Liebesgedichte über ihn gelesen hat, packt ihn die Heiratslust. Spontan beschließt er, sich mit Francine zu vermählen. Ohne sie über seine Pläne aufzuklären, fahren sie in einem Taxi zu einem Friedens-

---

[175] vgl. ebd., 00:34:58-00:38:25.
[176] vgl. ebd., 00:38:26-00:42:07.
[177] vgl. ebd., 00:53:12-00:56:57.

richter. Dieser wohnt in einer kleinen Holzhütten-Siedlung, die als Kulisse von Boris Leven entworfen wurde. Der Zuschauer erblickt in der ersten Einstellung jener Szene insgesamt fünf dicht hintereinander aufgereihte kleine Hütten mit Spitzdächern und kleinen Vorbauten am Eingang sowie einen Treppenabsatz im Eingangsbereich (vgl. Abb. 46).

Abb. 46: Scorsese, Martin: *New York, New York*, USA 1977, 00:53:12

Ein Geländer besitzt nur das vorderste Haus, in dem der Friedensrichter mit seiner Frau wohnt. Zwar sind die Häuser nicht vollständig im Bild zu sehen, aber dennoch entsteht der Eindruck, dass sie viel zu klein sind, um dauerhaft bewohnt zu werden. Der Raum des Films ist auch hier der Größe der Protagonisten angepasst und daher verhältnismäßig klein. Man denke nur an die Wolkenkratzer in Woody Allens *Manhattan*, die durch ihre Größe die Akteure regelrecht verschlucken. Als Pendant zu der links im Bild befindlichen Häuserreihe sind auf der gegenüberliegenden Straßenseite Autos ein und derselben Marke aufgereiht. Die Anordnung der Häuser und Fahrzeuge bildet eine nahezu perfekte Zentralperspektive, die die Kamera in einer leichten Aufsicht einfängt. Aus deren Fluchtpunkt bewegt sich das Taxi, in dem Jimmy und Francine sitzen, in den Vordergrund des Bildes.

Diese Nachtszene hat Martin Scorsese sehr kontrastreich umgesetzt. Die zugeschneiten und weiß angestrichenen Häuser setzen sich stark vom Schwarz der Nacht ab. Die kalte Beleuchtung in einem Blauton verstärkt den Kontrast zusätzlich. Selbst zwischen den Häusern tritt dieses blaue Licht hervor, das sich wie ein Zebrastreifen bis in den Hintergrund zieht. Der räumliche Tiefeneindruck ist größer als bei den Nachtszenen auf den Straßen New Yorks, wirkt zugleich aber auch kulissenhafter

und unnatürlicher. Um die Handlung im Vordergrund zu betonen, formen die vier Lichter – die Scheinwerfer des Taxis und die beiden Neonlichter der Beschilderungen am Haus – einen trapezförmigen Rahmen. Wenn man sie mit imaginären Linien verbindet, ergibt sich eine innerfilmische Rahmung, die die Figuren einschließt. Der hinter dem Taxi liegende Jimmy befindet sich schon außerhalb dieser Rahmung.
Ein weiterer Moment innerhalb des Films veranschaulicht, wie sich der räumliche Eindruck innerhalb eines fast identisch inszenierten Sets ändern kann, sobald die Nachtszene zu einer Tages- beziehungsweise Dämmerungsszene wird[178]. Als Jimmy die Band verlässt, um Francine nach New York zu folgen, verbringt er die letzte Nacht der Tournee mit Bernice, die Francine während ihrer Schwangerschaft als Sängerin der Band ersetzt. Die kleine Hütte, in der sie übernachten, erinnert an die Hütte, in der der Friedensrichter mit seiner Frau wohnte. Scorsese nutzt die gleichen Filmbauten in einem umgestalteten Set. Noch gut erkennbar sind die Spuren der Vordächer der Häuser, die in der Hochzeitsszene noch vorhanden waren, für die jetzige Szene allerdings demontiert wurden (vgl. Abb. 47).

Abb. 47: Scorsese, Martin: *New York, New York,* USA 1977, 01:17:59

Ein direkter Vergleich mit der Hochzeitssequenz macht deutlich, wie sich der filmische Raum verändern kann: Die Nachtszene kreiert einen engeren Raum als die Szene im Morgengrauen beziehungsweise der Dämmerung. Dies liegt zunächst in der Tatsache begründet, dass statt fünf Hütten nur noch vier im Filmbild zu sehen sind,

[178] vgl. ebd., 01:16:12-01:18:06.

die weniger dicht aneinander stehen als in der Nachtszene. Zum anderen ist es aber auch das künstlich anmutende, rote Licht der Dämmerung, das den Raum visuell öffnet. Die gemalte Kulisse verleiht dem filmischen Bild einen Hintergrund und damit eine weitere räumliche Ebene, die in der Hochzeitsszene nicht vorhanden ist. Das Schwarz der Nacht erzeugt den Eindruck, das Set würde mit der letzten Hütte im Bild enden. Das Rot der Dämmerung und der angedeutete See in der anderen Szene führen jedoch den filmischen Raum weiter. Die Perspektive bleibt erhalten, obwohl sich die Autos nicht mehr im On-Screen befinden. Es sind in diesem Bild nun die Hütten, die diese zentralperspektivische Anordnung der Bildelemente formen sowie der schlammige Weg, auf dem das Auto in den Hintergrund, auf den Fluchtpunkt zufährt.

Neben dem Licht ist es vor allem auch die farbliche Gestaltung der Innenräume, die ihren räumlichen Eindruck wesentlich verändern. Der Innenraum ist enorm dunkel, aber mit intensiven Farben gestaltet. Wände und Türen haben ein tief-dunkles Grün, Betten und Möbel sind in hellem Violett bis Flieder gehalten und die Decken auf den Betten sind dunkelblau. An der Wand hängt ein Replikat der „Mona Lisa“ von Leonardo da Vinci. Überall im Raum sind die Sachen von Jimmy und Bernice verstreut, die eine Nacht gemeinsam verbracht haben. Einzige Lichtquellen sind die Nachttischleuchte und ein sehr dezentes Licht, deren Quelle außerhalb des Bildkaders liegt und das durch ein Fenster in die Hütte fällt. Bei der Ansicht von außen auf die Hütte wird dieses Fenster sichtbar. Abgetrennt vom Schlafbereich gibt es noch ein Badezimmer, auf das der Zuschauer einen Blick durch den Spalt der leicht geöffneten Tür werfen kann. Als Bernice dort herauskommt, wird das Badezimmer für einen kurzen Moment sichtbar und erhellt den dunklen Schlafraum etwas. Dieser erscheint aufgrund seiner Dunkelheit äußerst beengend. Genau diese Dunkelheit ist es, die den gezeigten Raum ebenso grenzenlos macht. Seine Wände verschwinden in der Dunkelheit, der Raum scheint keinerlei begrenzende Kanten, Ecken im Raum oder eine Decke zu besitzen. Die Protagonisten befinden sich in einer Gefängniszelle, aus der es auszubrechen gilt. Der Raum steht stellvertretend für Jimmys Gemütszustand, der begreift, dass seine Band keine Zukunft hat und dass er sie verlassen muss.

Lichteinfall und Farbgebung hat Scorsese eingesetzt, um den Raumeindruck von Innenräumen zu variieren. Dabei nutzt er die farbliche Gestaltung der Räume auch, um unterschiedliche Atmosphären zu erzeugen, die sinnbildlich für die unterschiedlichen Charaktere der Protagonisten stehen. Beispielhaft zeigt dies die Szene, in der Jimmy nach langer Suche endlich Francine gefunden hat, die mit Frankie Hartes Band auf Tour gegangen ist, ohne sich von Jimmy zu verabschieden[179]. In einem Konzertsaal, in dem die Gruppe gerade einen Auftritt hat, kommt es schließlich zur Begegnung der beiden Hauptfiguren. Als Francine noch auf der Bühne steht, ist der Großteil der Raumelemente weiß, so zum Beispiel die Bühne, die Wände und Säulen, Tische und Stühle. Die Bildkomposition wird dabei dominiert von vertikalen Elementen, wie den Säulen, den Personen, der Rückwand der Bühne und den Stäben der Stuhllehnen. Auch Francine ist fast vollständig in weiß gekleidet. Jimmy sticht jedoch mit seinem terrakottafarbenen Jackett hervor. Er hebt sich von seiner Umgebung ab, weil er auch charakterlich nicht zu ihr passt. Die feine Gesellschaft, in der er sich nun befindet, beobachtet ihn misstrauisch. Nach der Konfrontation während des Auftritts und einem darauffolgenden Streit kommt es zur Versöhnung zwischen Jimmy und Francine. Sie vereinbaren, gemeinsam in der Band mitzuwirken und so kommt es, dass Jimmy in genau den gleichen Räumlichkeiten vorspielen soll. Jetzt ist es Jimmy, der auf der Bühne steht. Mit der veränderten Situation ändert sich auch die farbliche Gestaltung des Raums und mit ihr Atmosphäre und räumlicher Eindruck. Von einem fast monochromen Weiß wandelt sich die Farbgebung der Bühne durch einen Scheinwerferspot in ein aggressives Rot, das auch einige Gegenstände und Jimmy mit beleuchtet. Um Jimmy herum bleibt jedoch alles in dem bekannten Weiß. Der Saal um ihn herum ist unbeleuchtet, abgesehen von der Tischlampe, die Francine am Tisch sitzend betont. Hinter ihr öffnet sich ein weiterer Raum – jener Raum, in dem die Band steht und Jimmys Performance beobachtet. Kontrastierend zu Jimmys warmem Rot ist die Band in kaltes Blau getaucht. Der Kontrast zwischen den beiden Parteien versinnbildlicht ihre gegenseitige Konkurrenz, die es zukünftig abzulegen gilt, wenn sie zusammenarbeiten wollen. Francine befindet sich als neutrale Mittlerin zwischen den beiden Lagern. Das deutet nicht nur ihre Position an, sondern auch ihre neutrale Farbgebung, die sich der des Saales anpasst.

Mit Francines Erfolg am Broadway gegen Ende des Films[180] taucht Scorsese noch einmal völlig in die Kulissenästhetik des klassischen Studiosystems ein. Mit Hilfe eines Tricks eingeblendete Plattencover und Zeitungsausschnitte führen den Zuschauer in die neue Situation ein. Durch die Medien in aller Öffentlichkeit präsent, ist Francines Durchbruch nun besiegelt. Das von Glühbirnen hell erleuchtete Schild mit der Aufschrift *Hollywood* verortet Francines neue Lebenswelt: Sie ist Sängerin

[179] vgl. ebd., 00:42:08-00:47:09.
[180] vgl. ebd., 01:48:51-01:52:24.

und Schauspielerin, hat Auftritte am Broadway und spielt in Musikfilmen. Nach diesen einführenden Einstellungen folgt die Aufnahme eines Hollywood-Studios hinter den Kulissen. Der Zuschauer sieht farbig leuchtende Scheinwerfer, die Requisiten der Studiosets und Francines Garderobe. Im Vordergrund des Bildes werden Titelseiten von Magazinen eingeblendet, auf denen Francine als Star abgebildet ist. Mit dieser offensichtlichen Referenz schafft Scorsese die Verbindung zu den produktionstechnischen Hintergründen der goldenen Ära Hollywoods. Gefolgt werden diese Einstellungen von künstlich anmutenden Kulissen, die die Fassade eines Kinos zeigen. In einer weiteren näheren Aufnahme ist der Titel des heutigen Abendfilms zu lesen: Es handelt sich um Francines neuesten Musicalfilm *Happy Endings*. Scorsese zeigt Filmausschnitte, die innerdiegetisch sind: Im Film wird ein Film vorgeführt, der Francine während ihrer Arbeit zeigt. Dabei nimmt der Titel ihres Films *Happy Endings* einen narrativen Bezug auf Scorseses Film. Francine singt in *Happy Endings* über den klassischen Ausgang von Filmen – dem Happy End. Als sie schließlich auch das „Happy Ending on a Broadway show“[181] erwähnt, besingt sie damit ihren eigenen Erfolg am Broadway, mit dem sie ihr Glück gefunden hat. Das erste Bild von der Außenansicht (vgl. Abb. 48) erinnert an eine Einstellung aus der Eingangssequenz (vgl. Abb. 44, S. 113).

Abb. 48: Scorsese, Martin: *New York, New York*, USA 1977, 01:49:21

[181] ebd., 01:50:35-01:50:38.

Boris Leven nutzt die beiden Kulissen, die lediglich Leuchtreklamen zeigen, um Gebäude zu repräsentieren. Die Leuchtreklamen deuten an, wo sich die Häuserfronten befinden, an denen diese angebracht sind, und gestalten allein durch diese abstrahierten Formen einen filmischen Raum. Miniaturautos fahren auf den Straßen vor den Gebäuden. Die Art ihrer Bewegung und die Abwesenheit von Menschen deuten darauf hin, dass es sich um eine Miniatur handelt. Das zweite Bild von dem Kino in einer näheren Aufnahme ist eine gemalte Kulisse. Sie deutet in der linken Bildhälfte detailliert auf das Gebäude des Kinos hin, auf der rechten auf die Wolkenkratzer von New York. Auch hier sind die Gebäude wieder nur aufgrund ihrer Lichtquellen, die malerisch dargestellt wurden, definierbar. Der beleuchtete Eingangsbereich, die Schrift über dem Kino sowie die beleuchteten Fenster der Hochhäuser setzen sich mit Hilfe heller, intensiver Farben vom schwarzen Hintergrund ab. Durch die Stilisierung der Architektur mir Licht reduziert Leven die Formen der Filmarchitektur weitestgehend auf den Einsatz von Farben und die innerarchitektonischen Formen wie Fenster und Türen. Häuserkanten verschwinden im Dunkel der Nacht, um wie bereits erwähnt den filmischen Raum in seine Unbestimmbarkeit zu führen.

5.4 Zwischenfazit

Zur vergleichenden Analyse der räumlichen Wirkung von Real- und Filmarchitektur dienten amerikanische Spielfilme aus den 1950er bis 1980er Jahren. In zeitlicher Hinsicht und in Bezug auf den narrativen Raum bildeten sich *An American in Paris* und *Funny Face* als erstes Vergleichspaar heraus, *Manhattan* und *New York, New York* als zweites. *An American in Paris* bot zunächst Gelegenheit, die Beschaffenheit des verwendeten Dekors zu analysieren und mit raumgebenden Aspekten der Realarchitektur zu vergleichen, die ebenfalls in dem Film vorkommen. Die Filmarchitektur in Minellis Werk bestand vorwiegend in Form von Fassadenarchitektur, gemaltem Dekor und nachgebauten Gebäudeteilen beziehungsweise Attrappen, aber auch variierbaren Innenräumen und Rückprojektionen, die im Übrigen in allen analysierten Filmen auftauchen, in denen mit Kulissengebäuden gearbeitet wurde. Sie dienen in erster Linie der Simulation von Fahrten durch die Stadt und verstärken durch den Aspekt der Geschwindigkeit den Eindruck, größere Entfernungen zurückzulegen und damit Raum zu konstruieren. Der Schwerpunkt der Analyse lag zunächst auf der Eingangssequenz, in der sich der Wechsel zwischen Originalschauplätzen und Kulissenaufnahmen in formaler Hinsicht kontrastreich gestaltet. Der malerische Charakter der Filmarchitektur steht dem realistischen Charakter der Originalschauplätze gegenüber. Mit dem Übergang zu Studioaufnahmen gehen auch veränderte Kamerabewegungen einher, die in erster Linie verdeutlichen, dass in der Kulisse keine ausschweifenden Schwenks mehr möglich sind, was einen raumreduzierenden Effekt in Bezug auf die Weite des Raums hat. Kompensiert wird dieser Weitenverlust durch eine Betonung der Kamerabewegung in die Tiefe, insbesondere durch Fahrten nach vorn. Die Kulissenbauwerke nutzen sehr intensiv und offensichtlich die verschiedenen Trompe-l'œil-Techniken und schaffen durch das Aufmalen von Schatten, Perspektive, Fensteröffnungen und ganzen Gebäuden einen räumlichen Eindruck. Um den Kulissen schließlich mehr Plastizität zu verleihen, setzt Minelli Motive wie Balkone, Markisen oder andere bauliche Vorsprünge ein, die ebenso bei Kulissenbauten von *Funny Face* und *New York, New York* genutzt werden. Sie stellen ein Mittel dar, das neben Plastizität auch eine Verbindung zwischen Innen- und Außenräumen herstellt. Dem schließt sich auch das Motiv der Balkonbrüstung an, das in jedem der analysierten Filme vorkommt und gleichzeitig Verbindung und Trennung zwischen Handlungsraum und Kulisse darstellt.

Die Verbindung zwischen Innen- und Außenräumen gestaltet Minelli außerdem durch die Blicke der Kamera aus Zimmern hinaus auf das außerhalb Liegende und umgekehrt sowie durch die filmischen Figuren, deren Blicke und Gesten. Mimik und Gestik beschreiben auch die Rolle der filmischen Figur für die Konstruktion des Raums. Sie kompensieren die eingeschränkten Bewegungsmöglichkeiten der Figuren in der Kulisse. Ein Durchdringen des vollständigen filmischen Raums und das Eindringen in alle Tiefenebenen sind in *An American in Paris* nur in den Aufnahmen der Originalschauplätze möglich. Hier wird das menschliche Erfassen des Raums besonders durch die Bewegung der Fahrzeuge auf den Straßen und um die Gebäude herum versinnbildlicht, aber auch durch die in Massen auftretenden Menschen auf den Fußwegen der Stadt. Das vollkommene Durchdringen der räumlichen Schichten durch die Akteure bewirkt als weiteren Unterschied eine sich in allen räumlichen Ebenen abspielende Handlung, während sich diese in Kulissenaufnahmen auf den Vordergrund konzentriert und im Hintergrund formal wie narrativ an Genauigkeit und Detailreichtum verliert. Bewegungsabläufe beschränken sich in der Kulisse auf den vorderen Bildbereich, wodurch dieser im Gegensatz zum Hintergrund noch zusätzlich an imaginärer Raumtiefe gewinnt. Als weiteres Phänomen zeigte sich, dass raumausfüllende Kamerabewegungen mitunter durch die Filmarchitektur ersetzbar sind und somit die Definition des gezeigten Bildausschnitts und die Einstellungsgröße teilweise der Filmarchitektur unterliegen. Das Verhalten der Kamera ist in allen Kulissenfilmen[182] sehr stark abhängig von den Eigenschaften des Sets und der Filmarchitektur im Speziellen. Ebenso verhält es sich mit der Bewegung der Protagonisten, die sich nur auf den dreidimensionalen Teil des Sets beschränken kann.

Funny Face wurde ähnlich wie *An American in Paris* sowohl im Studio als auch an Originalschauplätzen gedreht. Die Erkenntnisse, die bereits in der ersten Analyse gewonnen wurden, bestätigten sich auch in Stanley Donens Filmmusical. Auffallend zeigte sich hier, wie kolossale Gebäude in Form von realer Architektur den filmischen Raum erweitern. Einige nahezu identische Situationen lassen einen Vergleich zwischen der Realarchitektur von *Funny Face* und der Filmarchitektur von *An American in Paris* zu und machen deutlich, inwieweit die Bewegung von Menschen durch die Filmarchitektur eingeschränkt ist. Die Analyse von *Funny Face* machte auf einen weiteren Punkt aufmerksam: Während es mit der Verwendung von Realarchitektur möglich ist, mehrere Ansichten dieser zu zeigen und sie beliebig in ihrem Status als Handlungsort oder reinen Hintergrund zu variieren, ist dies bei Filmarchitektur nur bedingt möglich.

Die weiteren Gestaltungsmöglichkeiten des filmischen Raums durch Realarchitektur veranschaulichte schließlich die Analyse von Woody Allens *Manhattan*. Sein Werk repräsentiert Filme, die keine Studioprodukte sind, sondern mit Realarchitektur arbeiten. Vordergründig bei der Analyse von *Manhattan* war die Bezugnahme vorangegangener theoretischer Überlegungen von Doris Agotai, Vrääth Öhner, Marc Ries und anderer Wissenschaftler bezüglich der raumformenden Eigenschaften von Realarchitektur und deren Abbildung im Film. Allen greift Panorama- beziehungsweise Skyline-Aufnahmen als ein Motiv auf, das alle anderen analysierten Filme ebenfalls verwenden und das ein häufig zu findendes Merkmal amerikanischer Spielfilme ist. Der Filmemacher demonstriert dem Zuschauer dieses Motiv in einer inflationären Verwendungsweise, seine Analyse konnte den räumlichen Eindruck beschreiben, den derartige Aufnahmen vermitteln. Die Vielfalt an Bildern, die der Regisseur in der

[182] Kulissenfilme sind im Rahmen der vorliegenden Studie als diejenigen Filme definiert, die überwiegend mit Kulissen, also Leinwänden oder anderen zweidimensionalen Hintergründen arbeiten, um einen Schauplatz zu inszenieren.

Exposition von der Stadt New York zeigt, ermöglichen den Vergleich der montierten Bilder mit gedanklichen Assoziationen, die sich zu einem Gesamteindruck der Stadt verbinden. Montage deklariert sich in diesem Film als weiterer wichtiger Faktor der Raumkonstruktion. Des Weiteren konnten die planimetrische und die perspektivische Inszenierung als zwei Konzepte nachgewiesen werden, die mit Hilfe von Realarchitektur spezifisch umsetzbar sind und unterschiedliche Raumeindrücke vermitteln. In der Studie wurde die Hypothese aufgestellt, das amerikanische Kino würde durch die verstärkte Identifikation des Zuschauers mit dem Protagonisten dessen wahrgenommenen Raum ebenfalls wahrnehmbar machen. Sowohl Allens *Manhattan* als auch alle anderen analysierten Filme machten deutlich, dass sich diese Behauptung nicht ohne Weiteres bestätigen lässt. Zwar mögen diverse Identifikationsprozesse der Zuschauer besonders durch die narrative Gestaltung der Handlungskomponente der Charaktere gegeben sein, aber rein formal findet die subjektive Kamera als hollywood-untypisches Element entsprechend selten Anwendung, wodurch die Übernahme des Blicks und der räumlichen Wahrnehmungsweise des Protagonisten nicht gewährleistet ist. In der beschriebenen Szene von *An American in Paris*, in der sich Henri Baurel vorstellt, kann der Zuschauer einen annähernden aber nicht hinreichenden Eindruck davon gewinnen, wie sich die Wahrnehmung des Raums durch die subjektive Kamera verändert. Besonders in *Manhattan* manifestiert sich eine zur subjektiven Kamera oppositionelle Perspektive, die die Figuren häufig frontal von der Kamera einfangen lässt. Diese Position sowie das Motiv des Gehens auf den Fußwegen von Manhattan macht es zugleich möglich, die Bewegung der Akteure einzufangen und dadurch die Bedeutung dieser Bewegungsabläufe für die Raumkonstruktion zu veranschaulichen. Durch sie wird die dreidimensionale Ausdehnung des filmischen Raums erst wahrnehmbar, sie öffnet den Raum und durch den Positionswechsel macht sie Räume an- und abwesend.

Woody Allens *Manhattan* stand in der Analyse Martin Scorseses *New York, New York* gegenüber. Da der Film im Gegensatz zu *Manhattan* im Studio entstand, bot sich ein Vergleich an, um den Unterschied zwischen filmischem Raum durch Real- und Filmarchitektur herauszustellen. Markant in Scorseses Film ist insbesondere die überwiegend vertikale Inszenierung des Raums, verbunden mit den häufigen Aufsichten auf das Geschehen, die sich in vertikalen Schwenks der Kamera auflösen. Der Eindruck von räumlicher Enge bildet ein Paradoxon zu der Unbestimmtheit und Entgrenzung des filmischen Raums, wobei beide aufgrund der Dunkelheit der vielen

Nachtszenen erzeugt werden. Anders als in *Manhattan* passt sich die Größe der Gebäude der menschlichen Skalierung an, was mit Hilfe der Kulissen realisierbar ist und sich als Spezifikum der Filmarchitektur erweist. *New York, New York* schafft es neben dem direkten Vergleich mit *Manhattan* ebenfalls, eine Verbindung zu den klassischen Hollywoodfilmen herzustellen, die analysiert wurden.

Aufgrund des Genres und der Orientierung der Kulissengestaltung am Zeitalter der 1940er und -50er Jahre ist ebenso eine Referenz zu *Funny Face* und *An American in Paris* vorhanden. Trotz der formal sehr ähnlich erscheinenden Gestaltung der Filmarchitektur stellte die Analyse grundsätzliche Unterschiede in der räumlichen Inszenierung heraus, die Scorseses Film zu einem modernen kinematografischen Werk machen. Insbesondere die beabsichtigte Künstlichkeit der Kulisse konnte neue Erkenntnisse darüber bringen, wie diese den räumlichen Eindruck von Filmarchitektur beeinflusst. Grundsätzlich scheint dieser räumliche Eindruck vermindert zu werden, je künstlicher und auch grafischer diese Kulissengebäude gestaltet sind. Im Zuge dieser Stilisierung sind Farbe und Licht die entscheidenden formgebenden Gestaltungsmittel für den filmischen Raum, wobei auch hier der Einsatz malerischer Mittel zur Unterstützung und Verstärkung der jeweiligen Effekte dient. Dies macht sich besonders bei der Gestaltung der Innenräume bemerkbar, die zugleich eines der größten Probleme der Analyse aufwerfen: Innenräume lassen in der Regel keinen Unterschied mehr zwischen Real- und Filmarchitektur erkennen. Ihre Unterschiede bezüglich der Raumkonstruktion herauszuarbeiten, erweist sich als nahezu unmöglich. Für die Außenräume dienen Licht und Farbe in erster Linie als eine Art Ersatz für architektonische Elemente und sind in diesem Sinne aktiv an der Raumkonstruktion beteiligt. Die Gestaltung der Außenräume in Form von Kulissen erzeugt einen äußerst abstrakten Eindruck der Filmarchitektur, die sich eher ästhetisch bildhaft als räumlich in das Gesamte einfügt und die die Konstruktion von illusorischer Raumtiefe nicht mehr als entscheidendes Kriterium für sich beansprucht. *New York, New York* hebt sich so stark von den anderen Filmen ab, dass er eine Sonderstellung innerhalb der Analyse einnimmt und zeigt, dass Filmarchitektur nicht immer die Effekte des klassischen Hollywood-Kinos erzeugt.

6 Fazit und Ausblick

Die Studie hat sich zum Ziel gesetzt, Unterschiede zwischen Real- und Filmarchitektur zu thematisieren und sich theoretisch wie analytisch mit der jeweils spezifischen Konstruktion des filmischen Raums auseinanderzusetzen. Dabei war es dezidiert nicht das Ziel, zu bewerten, welche Form der Architektur einen größeren oder geringeren räumlichen Eindruck erzeugt. Vielmehr galt es hervorzuheben, dass dieser Unterschied ebenso wie Gemeinsamkeiten besteht und diese Unterschiede systematisch herauszuarbeiten.

6.1 Unterschiede in der Raumkonstruktion bei der Verwendung von Real- und Filmarchitektur

Die Ergebnisse der Analyse sind sehr vielfältig. Trotz allem decken sie das Feld der Filmarchitektur und Kulissen in keinem Falle vollständig ab. Die analysierten Filme zeigten in ihrer Gesamtheit neben realen Gebäuden in erster Linie gemaltes Dekor sowie Fassadenarchitektur, aber auch Rückprojektionen, Miniaturen, Attrappen von Gebäuden in Originalgröße oder nur Gebäudeteile, die in Originalgröße nachgebaut wurden. Matte Paintings und Travelling-Matte-Verfahren sowie Fotografien und Spiegel-Techniken konnten aufgrund der Filmauswahl nicht in die Analyse einbezogen werden. Ein grundsätzliches Phänomen, das sich trotz dieser Einschränkungen feststellen lässt, besteht in der Tatsache, dass Filmarchitektur grundsätzlich in der Lage ist, einen fiktionalen Ort zu schaffen, der in seinen räumlichen Eigenschaften von denen des Aufnahmeortes abweicht. Diese grundsätzliche Verschiedenheit zur Realarchitektur, die tatsächlich nur den Raum zeigt, den sie selbst in der außerfilmischen Realität einnimmt, bildet die spezifische Leistung der Kulissenarchitektur. Sie ist in der Lage, jedes räumliche Ausmaß auf einer minimalen Fläche oder in einem noch so kleinen Raum darzustellen. Die vier analysierten Filme veranschaulichen dies beispielhaft. Sie zeigen eine weitere Tendenz der Filmarchitektur, die darin besteht, sich der menschlichen Größenrelation anzupassen. Gebäude wirken demnach als Kulisse entweder in ihrem eigenen Ausmaß kleiner als reale Monumentalbauten oder sie zeigen einen Bildausschnitt, der sich eher den filmischen Figuren anpasst als den riesigen Bauwerken. *Manhattan* präsentiert sich als Gegenpart zu diesem Phänomen, indem er die autonomen Gebäude in Form der Skyline New Yorks zu einem omnipräsenten Sujet des Films macht, in welchem Menschen wie winzige Ameisen wirken.

Konkret konnte die Analyse Unterschiede in den Kategorien der Kameraarbeit, der Beschaffenheit der Film- beziehungsweise Realarchitektur sowie den menschlichen Akteuren innerhalb des Films herausstellen. Ein erster Unterschied ist dabei in der Kamerabewegung festzustellen, die an Originalschauplätzen ausschweifende Schwenks gestattet, welche in der Kulisse nicht möglich sind. Als Konsequenz wird im Studio auf alternative Kamerabewegungen zurückgegriffen, die ebenso den filmischen Raum erfassen. Die unmöglichen Schwenks werden von montierten Bildern ersetzt, die einen zusammengesetzten Raum konstruieren, der dem ganzheitlichen Raum der Realarchitektur gegenübersteht. Die Bewegung der Kamera in die Breite wird in der Filmarchitektur außerdem von einer Bewegung in die Tiefe abgelöst. Dass diese Bewegung in die Tiefe nur bis zu einem bestimmten Grad möglich ist und wiederum von den Eigenschaften der Kulisse abhängt, bleibt dabei zu bedenken. Die Kamera hat im Allgemeinen innerhalb der Kulisse nicht die gleichen Bewegungsmöglichkeiten. Komplette Rundum-Schwenks der Kamera um ihre eigene Achse, die sie stärker im Mittelpunkt des filmischen Raums positionieren, wurden in der Studiokulisse, die Teil der Analyse war, nicht eingesetzt. Die Kamera positionierte sich vielmehr als außenstehendes Element frontal zum Geschehen und unterstützte dadurch eine klassisch theatralische Inszenierungsform.

Auch wenn man nur bedingt die Verallgemeinerung vornehmen kann, die Kamera sei in Sets, die Filmarchitektur verwenden, in ihrer Bewegung eingeschränkter, so konnte die Analyse doch zumindest nachweisen, dass bestimmte Kamerabewegungen, insbesondere Zoom und Fahrten, durch Filmarchitektur ersetzbar sind. *An American in Paris* hat dies beispielhaft gezeigt, indem Häuserfronten nachgebaut beziehungsweise malerisch dargestellt wurden und die Fenstergiebel als einzeln nachgebaute Gebäudeteile einen Zoom-in ersetzten, um sich der besagten Häuserfront anzunähern. Alle Rückprojektionen haben gezeigt, dass die Filmarchitektur in Verbindung mit kinematografischen Elementen die Bewegung der Kamera ersetzt. Während sie sich unbeweglich vor dem Bildgegenstand befindet, fahren im Hintergrund scheinbar die Gebäude vorbei. Betrachtet man die Frage nach der Einschränkung der Kamerabewegung näher, so scheint sich ein gewisses Prinzip herauszustellen. Realarchitektur, die sich in einem natürlichen Umfeld befindet, bietet der Kamera für Außenaufnahmen genügend Platz. Man kann sagen, dass sie sich jeweils nur einen Ausschnitt des Vorhandenen auswählt, der potenziell immer erweitert werden kann. Kulissen sind jedoch in ihrer Gestalt bereits ausschnitthaft. Die Kamera kann sich lediglich desjenigen Ausschnitts bedienen, der durch das Set vorgegeben ist. Um nicht auf die Materialität der Kulisse zu verweisen, ist es notwendig, diese Begrenzungen einzuhalten. Bei Innenräumen scheint sich dieses Verhältnis umzukehren. Die von vornherein begrenzten Räumlichkeiten sind bei Kulissen oft mit beweglichen Wänden, die nach Belieben verschoben werden können, ausgestattet. Dies ermöglicht es der Kamera, sich dort zu bewegen, wo in realen Innenräumen kein Platz wäre. Die begrenzten Bewegungsmöglichkeiten dieser Innenräume können somit in der Kulisse kompensiert werden und raumerweiternd wirken.

Die Begrenztheit der Bewegung lässt sich ebenso auf die filmischen Akteure beziehen. Das Motiv des auf dem Fußweg Gehenden, das sich in *Manhattan* herauskristallisierte, aber auch in den Aufnahmen der Originalschauplätze in *Funny Face* und *An American in Paris* vorkam, setzte sich in den Studioaufnahmen nicht durch. Wenn es die Bewegung der Protagonisten ist, die den filmischen Raum erst sichtbar macht, so wird deutlich, wie der Verlust dieses Motivs des Gehens sich auf den Raumeindruck auswirkt. Diesbezüglich ist erneut die Rückprojektion zu erwähnen, die die Bewegung der Akteure im Auto simuliert, aber im Grunde eine Umkehrung der Bewegung darstellt. Nicht die Protagonisten bewegen sich fort, sondern die Architektur wird zum aktiven Element.

Um Verbindungen zwischen Außen- und Innenräumen sowie menschlichem Handlungsraum und der Kulisse herzustellen, fanden sich in den analysierten Kulissenbauten einige Motive gehäuft wieder. Dazu zählen Balkone, Markisen und andere Gebäudevorsprünge, die den Eindruck der Dreidimensionalität erhöhen, aber zugleich auch den menschlichen Handlungsraum mit einer eigentlich unbegehbaren Kulisse vereinen. Fenster und Türen sowie Brüstungen oder Geländer gehören ebenso zu den verbindenden Elementen. Menschen, die aus Fenstern hinausblicken, oder die Kamera, die hineinblickt, werden zu Standardmotiven der Studioaufnahmen. Türen und Fenster, die in der Filmarchitektur des Öfteren Handlungsmomente verorten, scheinen in der Realarchitektur keine große Rolle zu spielen. Die Verbindung von Innen- und Außenräumen sowie die Interaktion der Protagonisten mit der Architektur ergeben sich durch die Realarchitektur ganz natürlich ohne die Notwendigkeit einer expliziten Verknüpfung. Fenster und Türen erfüllen in abgefilmten realen Gebäuden des Öfteren die Funktion einer Sur-Cadrage und definieren den Bildkader. Für die Filmarchitektur hingegen bilden sie einen symbolischen Ersatz architektonischer Formen, sie ersetzen Häuserfronten und definieren das jeweilige Gebäude, wie in *New York, New York* am deutlichsten erkennbar war.

Neben den Unterschieden, die sich zwischen Real- und Filmarchitektur auftun, tauchen aber bei beiden auch gemeinsame Elemente auf. Ihr Unterschied besteht dann wiederum in der formalen Umsetzung. Ein jeweils beliebtes Motiv, auf das bereits eingegangen wurde, ist das der Skyline. Ebenso die Staffelung von Gebäuden, die bei der Realarchitektur eine wirkliche ist und bei der Filmarchitektur vorwiegend malerisch beziehungsweise grafisch realisiert wird. Ebenso verhält es sich mit der perspektivischen Darstellung der Gebäude durch die Andeutung von Fluchtlinien, die wohl am häufigsten als Mittel zur Intensivierung des räumlichen Eindrucks genutzt wird und bei Filmarchitektur meist nur als optischer Effekt Verwendung findet. Licht erweist sich bei beiden Formen als wichtiger Faktor der Raumkonstruktion. Die Filmarchitektur kann Licht allerdings auch malerisch mit Hilfe heller Farben simulieren, Fenster durch strahlendes Weiß erleuchten lassen.

In Bezug auf die Protagonisten und ihre Wirkungsweise bei der Erzeugung beziehungsweise Realisierung des filmischen Raums ließen sich Aspekte herausfiltern, die sich bei Film- und Realarchitektur voneinander unterscheiden. Alle beziehen sich auf die Interaktion der Akteure mit ihrem räumlichen Umfeld. Die Analyse stellte heraus, dass die Menschen an Originalschauplätzen in die unterschiedlichen Tiefenebenen eindringen können, die Verbindung zwischen Mensch und Umwelt demnach maximal ist und sich nicht nur auf den Vordergrund beschränkt, wie es bei Kulissenaufnahmen meist der Fall ist. Die Interaktion zwischen Mensch und Raum findet bei Aufnahmen in künstlichen Kulissen überwiegend im Vordergrund statt und bewirkt, dass die architektonischen Eigenschaften dort sehr viel detailreicher ausgearbeitet sind. Zudem scheint sich die Verbindung zwischen Mensch und realer Architektur, die Durchdringung des Raums an Originalschauplätzen zufälliger oder selbstverständlicher zu ergeben. Die Bewegungsabläufe muten automatisiert und zugleich spontan an, eben natürlicher als in der Kulisse, die genaue Bewegungsanweisungen durch den Regisseur nötig macht. Die Bewegung in der Kulisse scheint genau geplant und auf Einschränkungen abgestimmt zu sein. Der filmische Akteur kann hier nur in bestimmte Ebenen physisch eindringen, nämlich in die, die ebenso wie er selbst dreidimensional sind und deren Größenverhältnisse relational mit denen des Menschen übereinstimmen. Dies macht es einerseits unmöglich, in der Leinwand einer gemalten Kulisse zu agieren, andererseits wird es auch undenkbar, die Schauspieler in ein Miniaturset zu verorten, ohne den realistischen Charakter der Narration aufzugeben. Sobald sich der Schauspieler also nicht mehr in der Kulisse befindet, kommt es zur Trennung der beiden filmräumlichen Ebenen – von Handlungsraum und Kulisse. Um diese gegenseitige Isolation aufzuheben, wurden erneut Verknüpfungstechniken entwickelt, die das Gehen in und Durchdringen von architektonischen Elementen ablöst. Anstelle des Gehens als performativen Akt des Protagonisten treten Gestik und Mimik. Blicke werden zu den neuen Konstrukteuren des filmischen Raums. Sie deuten auf ihn und schaffen eine direkte Bezugnahme. Die Verbindung der räumlichen Ebenen entsteht in der Filmarchitektur also hauptsächlich durch die Blicke der Protagonisten, wobei Techniken entstehen, um Schauspiel und Kulisse unabhängig voneinander zu machen und trotzdem optisch zusammenzufügen, so zum Beispiel die vorausschauenden Blicke während der Taxifahrt in *Funny Face*[183], die sich nicht an die Bewegungsgeschwindigkeit der vorüberziehenden Gebäude anpassen müssen oder Schuss-Gegenschuss-Verfahren, um Kulisse und Figur nicht in derselben Einstellung zeigen zu müssen.

Otto Friedrich Bollnows Konzept des erlebten Raums scheint auf Kulissenfilme nicht mehr ohne Einschränkung anwendbar zu sein. Wenn sich Räumlichkeit als vom Menschen abhängiges Phänomen konstruiert und nur durch dessen unmittelbare Präsenz realisierbar ist, dann träfe dies auf zweidimensionale Kulissen nicht mehr zu. Das Spiel von anwesendem und abwesendem Raum, das in realen Gebäuden durch das Umherwandern der Protagonisten umgesetzt wurde, ist in der Kulisse veränderten Bedingungen ausgesetzt. Die Rolle des Gehenden wird in filmischen Räumen, die mit Kulissenarchitektur arbeiten, ersetzt von der Rolle des Zeigenden, des Blickenden oder Verweisenden, der dem Raum jeweils nur passiv zur Anwesenheit verhilft. Erlebter Raum wird zum wahrgenommenen Raum, der an virtuellen Eigenschaften zunimmt. Es entsteht eine neue Form der Virtualität, die nicht mehr nur für den Zuschauer existiert, der sich die räumlichen Eigenschaften der filmischen Architektur vorstellen muss, sondern nun auch für den Protagonisten im Film selbst. Das Gehen, das sich in der Realarchitektur räumliche Gegebenheiten aneignet und Beziehungen zwischen Positionen herstellt, wird in der Filmarchitektur ersetzt durch Blicke.

183 Donen, Stanley: *Funny Face*, USA 1957, 00:10:40-00:10:44.

Räumliche Gegebenheiten werden durch reines Betrachten der visuellen Eigenschaften des Ortes erfasst. Michel de Certeaus „Raum der Äußerung“[184] wandelt sich zu einem Raum, der in semiotischer Hinsicht nicht mehr geäußert, sondern nur noch gelesen werden kann. Der Zuschauer kann sich demnach nicht immer als „Voyageur“[185] im Sinne Giuliana Brunos behaupten und tritt einen Schritt zurück, indem er wieder zum reinen Beobachter, also einem Voyeur im psychoanalytischen Sinne wird. Die Frage danach, ob Architektur im Film Raum konstruiert oder dekonstruiert, stellt sich in dieser Form nicht mehr. Wenn man also die Filmarchitektur in theoretische Betrachtungen mit einbezieht, ist eine Weiterentwicklung der Annahmen von Giuliana Bruno und Michel de Certeau gewinnbringender. Die Theorien um das Flanieren sollten eine Ergänzung um eine Theorie des Virtuellen erfahren.

Die Studie hat unter Zuhilfenahme theoretischer Konzepte und analytischer Verfahren die Unterschiede in der Raumkonstruktion von Real- und Filmarchitektur diskutiert. Offen bleibt jedoch die Frage, inwieweit Realismus als Bedingung für filmische Räumlichkeit gelten kann. Wie bereits die Analyse von *New York, New York* herausstellte, wirken stilisierte Kulissen aufgrund ihrer hohen Künstlichkeit grafischer und vermitteln weniger räumliche Eigenschaften als realistische. Richtet man jedoch seinen Blick etwas weiter außerhalb des amerikanischen Spielfilms, so fällt beispielsweise der deutsche expressionistische Film[186] auf, der trotz seiner stark abstrahierten Kulissen räumliche Eigenschaften erzeugt. Ob die Künstlichkeit einer Kulisse immer auch ihren theatralischen Charakter thematisiert, bleibt daher ungeklärt.

6.2 Ausblick: digitale Filmarchitektur

Die Studie beschäftigte sich mit einem zeitlich stark eingegrenzten Rahmen für die Auswahl der zu analysierenden Filme. Aussagen, die bezüglich der räumlichen Eigenschaften von Filmarchitektur getroffen wurden, sind daher nur auf die *klassischen* Techniken des Kulissenbaus anwendbar. Aus der Untersuchung ausgeschlossen wurden digitale Verfahren, die mit Hilfe moderner Computertechnik eine völlig neue

---

[184] de Certeau, Michel: Die Kunst des Handelns, S. 189.

[185] Bruno, Giuilana: Architektur und das bewegte Bild. In: Eue, Ralph; Jatho, Gabriele (Hrsg.): Schauplätze, Drehorte, Spielräume: Production Design + Film. Berlin: Bertz + Fischer 2005, S. 113.

[186] vgl. Kreimeier, Klaus (Hrsg.): Die Metaphysik des Dekors: Raum, Architektur und Licht im klassischen deutschen Stummfilm. Marburg [u.a.]: Schüren 1994.

Form der Kulissenarchitektur prägen. Seit 1982, beginnend mit *Star Trek II: The Wrath of Khan*[187], kommen digitale Techniken und visuelle Effekte in Langspielfilmen zum Einsatz, um die klassischen Kulissen zu ersetzen[188]. Sie sind in der Lage, ganze Städte am Computer zu generieren und haben die ursprünglichen Matte-Verfahren perfektioniert[189]. Gegenstände, Landschaften und Gebäude können mühelos digital erzeugt werden, beliebig ist es möglich, Lichtverhältnisse, Oberflächenstrukturen und alle möglichen räumlichen Eigenschaften zu simulieren. Sogar die körperhaften Eigenschaften der Gegenstände und architektonischen Elemente sind durch 3-D-Techniken verblüffend realistisch. Blue- und Greenscreen unterstützen die Informatiker bei ihrer Arbeit, die Schauspieler von ihrem eigentlichen räumlichen Umfeld zu isolieren und in einen computergenerierten, virtuellen Raum einzufügen. Dank verschiedener Verfahren wie dem Compositing[190] ist es ohne Weiteres möglich, fotografische und digitale Ebenen optisch einander anzupassen und miteinander zu verbinden, sodass eine Unterscheidung der Ebenen nicht mehr möglich ist. Das Paradoxon besteht darin, dass sich für den Zuschauer kaum noch ein Unterschied zwischen Real- und Filmarchitektur ergibt und damit auch die räumlichen Eigenschaften von beiden ident zu werden scheinen, während eben jener genannte Unterschied für den Schauspieler immer größer wird. Digitale Filmarchitektur befindet sich in einem völlig immateriellen Zustand, der keine Interaktion mehr mit dem filmischen Protagonisten zulässt. Filmarchitektur wird abwesend für ihn und geht damit in einen Zustand völliger Virtualität über, die für den Zuschauer so materiell wie noch nie erscheint. Bewusst hat die Studie diese modernen Formen von Filmarchitektur nicht in die Betrachtungen einbezogen. Es wäre jedoch äußerst spannend, sie in einer gesonderten Studie ausführlich zu untersuchen.

---

[187] Meyer, Nicholas: *Star Trek II: The Wrath of Khan*, USA 1982.

[188] vgl. Vaz, Mark Cottta; Duignan, Patricia Rose: Industrial Light and Magic: Into the Digital Realm. London: Virgin 1996, S. 107 ff.

[189] vgl. Bertam, Sacha: VFX, Konstanz: UVK-Verl.-Ges. 2005.

[190] Das Compositing beschreibt den allgemeinen Prozess, mehrere Bildebenen übereinander zu lagern. Ähnlich wie bei einer Fotocollage, die mit Hilfe von Bildbearbeitungsprogrammen digital erstellt wird, werden bei dem Compositing verschiedene Bildmasken pro Kader zusammengefügt und erscheinen beim Abspielen des Films als eine einzige Ebene (vgl. dazu auch Flückinger, Barbara: Visual Effects: Filmbilder aus dem Computer. Marburg: Schüren 2008, S. 191-238.).

7 Bibliografie

Monografien und Sammelbände

AGOTAI, Doris: Architekturen in Zelluloid: Der filmische Blick auf den Raum. Bielefeld: transcript-Verlag 2007.

ARISTOTELES: Aristoteles Physik: Vorlesung über Natur. Hrsg. von Hans Günter Zekl, Buch IV, 1987.

BELLER, Hans u.a. (Hrsg.): Onscreen/Offscreen: Grenzen, Übergänge und Wandel des filmischen Raums. Ostfildern bei Stuttgart: Hatje Cantz 2000.

BELLOUR, Raymond: L'analyse du film. Paris: Calmann-Lévy 1995.

BERTAM, Sacha: VFX, Konstanz: UVK 2005.

BOLLNOW, Otto Friedrich: Mensch und Raum. Stuttgart [u.a.]: Kohlhammer 2000.

BORDWELL, David: Narration in the Fiction Film. Wisconsin: University of Wisconsin Press 1985.

BRUNO, Giuliana: Atlas of emotion: Journeys in art, architecture and film. New York: Verso 2002.

CASPER, Joseph Andrew: Stanley Donen. Metuchen, N.Y. [u.a.]: Scarecrow Press 1983.

DE CERTEAU, Michel: Die Kunst des Handelns. Berlin: Merve 1988.

DOWNS, Roger M.; STEA, David: Kognitive Karten: die Welt in unseren Köpfen, New York: Harper & Row, 1982.

DUNCAN, Paul: Alfred Hitchcock: Architekt der Angst. Köln [u.a.]: Taschen 2003.

ELSAESSER, Thomas: Hollywood heute: Geschichte, Gender und Nation im postklassischen Kino. Berlin: Bertz & Fischer 2009.

ETTEDGUI, Peter: Filmkünste: Produktionsdesign. Reinbek bei Hamburg: Rowohlt 2001.

FLÜCKINGER, Barbara: Visual Effects: Filmbilder aus dem Computer. Marburg: Schüren 2008.

FOX, Julian: Woody: Movies from Manhattan. London: Batsford 1996.

GARDIES, André: L'Espace au cinéma. Paris: Méridiens Klincksieck 1993.

GIBSON, James J.: Wahrnehmung und Umwelt. München: Urban & Schwarzenberg 1982.

GIESEN, Rolf: Lexikon der Special Effects: Von den ersten Filmtricks bis zu den Computeranimationen der Gegenwart. Berlin: Lexikon Imprint 2001.

HERMAN, Jan: A talent for trouble: The life of Hollywood's most acclaimed director, William Wyler. New York: Da Capo Press 1997.

HICKETHIER, Knut: Film- und Fernsehanalyse. Stuttgart [u.a.]: Metzler 2007.

KHOULOKI, Rayd: Der filmische Raum: Konstruktion, Wahrnehmung, Bedeutung. Berlin: Bertz & Fischer 2007.

KOCH, Gertrud: Umwidmungen: Architektonische und kinematografische Räume. Berlin: Vorwerk 8 2005.

KREIMEIER, Klaus (Hrsg.): Die Metaphysik des Dekors: Raum, Architektur und Licht im klassischen deutschen Stummfilm. Marburg [u.a.]: Schüren 1994.

LEYDA, Jay: Kino: A history of the Russian and Soviet Film. Princeton, NJ: Princeton University Press 1983.

LUCIE-SMITH, Edward: DuMont's Lexikon der Bildenden Kunst. Köln: Literatur und Kunst 2005

MANDELBAUM, Howard; Myers, Eric: Forties screen style: A celebration of high pastiche in Hollywood. Santa Monica: Hennessey & Ingalls 2000.

MERLEAU-PONTY, Maurice: Phänomenologie der Wahrnehmung. Berlin: de Gruyter 1966.

NEUMANN, Dietrich (Hrsg.): Filmarchitektur: Von Metropolis bis Blade Runner. München [u.a.]: Prestel 1996.

SCHAAL, Hans Dieter: Learning from Hollywood: Architecture and film – Architektur und Film. Stuttgart [u.a.]: Edition Menges 1996.

SCHATZ, Thomas: The genius of the system: Hollywood filmmaking in the studio era. New York: Holt 1996.

SEESSLEN, Georg: Martin Scorsese. Berlin: Bertz 2003.

SIEREK, Karl: Ophüls: Bachtin: Versuch mit Film zu reden. Basel [u.a.]: Stroemfeld 1994.

SILVERMAN, Stephen M.: Dancing on the ceiling: Stanley Donen and his movies. New York: Knopf 1996.

VAZ, Mark Cottta; DUIGNAN, Patricia Rose: Industrial Light and Magic: Into the Digital Realm. London: Virgin 1996.

WEIHSMANN, Helmut: Gebaute Illusionen: Architektur im Film. Wien: Promedia 1988.

WEIHSMANN, Helmut: Cinetecture: Film, Architektur, Moderne. Wien: PVS 1995.

Aufsätze und Zeitschriftenartikel

BERNHART, Toni: Reine Schöpfung der menschlichen Phantasie: Überlegungen anhand der Theorie des Raums. In: Geiger, Annette (Hrsg.): Imaginäre Architekturen: Raum und Stadt als Vorstellung. Berlin: Reimer 2006, S. 249-263.

BONITZER, Pascal: Des hors champs. 1976. In: ders.: Le regard et la voix. Paris: Union Générale d'Éditions 1972, S. 9-24.

BORDWELL, David: Modelle der Rauminszenierung im zeitgenössischen europäischen Kino. In: Rost, Andrea (Hrsg.): Zeit, Schnitt, Raum. München: Verlag der Autoren 1997, S. 17-42.

BRUNO, Giuliana: Architektur und das bewegte Bild. In: Eue, Ralph; Jatho, Gabriele (Hrsg.): Schauplätze, Drehorte, Spielräume: Production Design + Film. Berlin: Bertz + Fischer 2005, S. 113-128.

CURTIS, Scott: The Making of Rear Window. In: Belton, John (Hrsg.): Alfred Hitchcock's Rear window. Cambridge [u.a.]: Cambridge University Press 2000, S. 21-56.

DE FRIES, Heinrich: Raumgestaltung im Film. In: Wasmuths Monatshefte für Baukunst, 1/2, 1920/21, S. 63-82.

DELEUZE, Gilles: Bildfeld und Einstellung, Kadrierung und Szenenaufgliederung. In: ders.: Das Bewegungs-Bild. Frankfurt am Main: Suhrkamp 1997, S. 27-48.

EISENSTEIN, Sergei: Montage and Architecture. In: Taylor, Richard; Glenny, Michael (Hrsg.): Selected works/S. M. Eisenstein. London: BFI [u.a.] 1994, S. 58-81.

KEILLER, Patrick: Architectural cinematografy. In: Rattenbury, Kester: This is not architecture: Media constructions. London [u.a.]: Routledge 2002, S. 37-44.

KRUTH, Patricia: The Color of New York. Places and Spaces in the Films of Martin Scorsese and Woody Allen. In: Penz, François; Thomas, Maureen (Hrsg.): Cinema & Architecture: Méliès, Mallet-Stevens, multimedia. London: British Film Institute 1997, S. 70-79.

MANTHEY, Dirk: Produktionsdesign: Vom Look zur Ausstattung. In: ders.: Making of ...: wie ein Film entsteht. Bd. 2. Reinbek bei Hamburg: Rowohlt 1999, S. 202-241.

MIDDING, Gerhard: Richard Sylbert: Production Design als Metapher. In: Alfred Messerli [u.a.]: Ausstattung. Basel [u.a.]: Stroemfeld/Roter Stern 1994, S. 75-86.

MÜNSTERBERG, Hugo: Die Psychologie des Lichtspiel: Tiefe und Bewegung. In: Schweinitz, Jörg (Hrsg.): Das Lichtspiel. Eine psychologische Studie (1916) und andere Schriften zum Kino. Wien: Synema 1996, S. 41-50.

ÖHNER, Vrääth; RIES, Marc: Bildbau. In: Weihsmann, Helmut: Cinetecture: Film, Architektur, Moderne. Wien: PVS 1995, S. 7-51.

SOURIAU, Etienne: Die Struktur des filmischen Universums und das Vokabular der Filmologie. In: Montage AV (6/2/1997), Marburg: Schüren 1997, S. 140-157.

THOMPSON, Kristin: Classical narrative space and the spectator's attention. In: Bordwell, David; Saiger, Janet; Thompson, Kristin: The Classiscal Hollywood Cinema. Film Style and Mode of Production to 1960. London: Routledge 1985, S. 214-230.

VIDLER, Anthony: Die Explosion des Raums: Architektur und das filmische Imaginäre. In: Neumann, Dietrich (Hrsg.): Filmarchitektur: Von Metropolis bis Blade Runner. München [u.a.]: Prestel 1996, S. 13-25.

8 Filmografie

Analysierte Filme

ALLEN, Woody: *Manhattan*, DVD, 96 min., MGM Home Entertainment GmbH (dt.) 2008, USA 1979.

DONEN, Stanley: *Funny Face* (Ein süßer Fratz), DVD, 99 min., Paramount Home Entertainment 2003, USA 1957.

LYNCH, David: *The Straight Story* (Eine wahre Geschichte), DVD, 107 min., Universum Film GmbH 2000, USA 1999.

MINELLI, Vincente: *An American in Paris* (Ein Amerikaner in Paris), DVD, 109 min., Warner Home Video – DVD 2003, USA 1951.

OZON, François: *Swimming Pool*, DVD, 98 min., Highlight 2004, F 2003.

SCORSESE, Martin: *New York, New York*, DVD, 132 min., MGM Home Entertainment GmbH (dt.) 2006, USA 1977.

Erwähnte Filme

DONEN, Stanley; KELLY, Gene: *Singin' in the Rain*, USA 1952.

DUPONT, Ewald André: *Love me and the World is mine*, USA 1927.

FLEMING, Victor: *Gone with the Wind*, USA 1939.

HITCHCOCK, Alfred: *Sabotage*, USA 1936.

HITCHCOCK, Alfred: *Rebecca*, USA 1940.

HITCHCOCK, Alfred: *Rear Window*, USA 1954.

HITCHCOCK, Alfred: *Vertigo,* USA 1958.

LANG, Fritz: *Metropolis*, USA 1927.

Lang, Fritz: *Das Testament des Doktor Mabuse*, D 1933.

MEYER, Nicholas: *Star Trek II: The Wrath of Khan*, USA 1982.

ROBBINS, Jerome; WISE, Robert: *West Side Story*, USA 1961.

TATI, Jacques: *Playtime*, F 1967.

VIDOR, King: *The Fountainhead*, USA 1949.

WALSH, Raoul: *The Thief of Bagdad*, USA 1924.

WIENE, Robert: *Das Cabinet des Dr. Caligari*, D 1920.

WISE, Robert: *The Sound of Music*, USA 1965.

WYLER, William: *Ben Hur*, USA 1959.

Sven Weidner

Künstler im *Big Apple*

Die filmische Darstellung von Künstlern in New York City im Spiel- und Experimentalfilm

ISBN 978-3-8382-0248-8
220 S., mit zahlr. farb. Abb., Paperback, € 34,90

Erhältlich in jeder Buchhandlung oder direkt bei

ibidem

New York City – die prätentiöse Diva am Hudson und East River, Magnet der Hoch- und Subkultur, aufbegehrende wie launische Bastion im wertkonservativen Amerika, Gegenentwurf zum großen Wurf eines Amerika, das durch die Jahrhunderte hindurch in permanenter Veränderung begriffen war und ist. New York City – Heimat von Künstlern, Intellektuellen und Immigranten sowie Initialzündung für spleenige Avantgardekünstler wie hemmungslose Broker. New York City – ewigwährender Mythos und Kulisse für abertausende Filme sowie erfolgreiche Gegenspielerin eines hochstaplerischen Hollywood, in dem unermüdlich kinematographische Schleifen produziert werden.
Sven Weidner rückt in seiner Studie den nie schlafenden Big Apple in den Fokus einer kultur- und filmwissenschaftlichen Analyse, in deren Rahmen er die Darstellung von Künstlerfiguren im Spiel- und Experimentalfilm detailliert beleuchtet. Die bisweilen mythisierte Figur des Künstlers einerseits sowie andererseits die besondere Rolle, die New York in Film, Kunst und Kultur spielt, sind untrennbar mit den gesellschaftlichen wie politischen Entwicklungen des dramatischen 20. Jahrhunderts verwoben. Weidner verfolgt sowohl kultur- als auch filmhistorische Entwicklungslinien. In mehreren Filmanalysen zeigt er die Bedeutung und Beziehung zwischen der Stadt und dem Film respektive Regisseur auf und kontextualisiert diese im Spiegel der jeweiligen filmgeschichtlichen Epoche und gesellschaftlichen Umstände.

Der Autor:
Sven Weidner, Jahrgang 1975, studierte Amerikanistik, Englische Literatur und Neuere Deutsche Literatur an der Ludwig-Maximilians-Universität München. Dann Studium der Kommunikation mit Schwerpunkt Audiovisuelle Medien/ Film an der Universität der Künste in Berlin, wo er mit einem Diplom abschloss. Zahlreiche USA-Reisen. Jahresstipendium des DAAD für Film Studies an der University of California, Los Angeles, USA, sowie ein DAAD-gefördertes Studium der Film Studies an der Bond University, Queensland, Australien.

ibidem-Verlag

Melchiorstr. 15

D-70439 Stuttgart

info@ibidem-verlag.de

www.ibidem-verlag.de
www.ibidem.eu
www.edition-noema.de
www.autorenbetreuung.de

Zeitfracht Medien GmbH
Ferdinand-Jühlke-Straße 7
99095 Erfurt, Deutschland
produktsicherheit@kolibri360.de